Für alle, die sich jemals verurteilt, ausgestoßen oder missachtet gefühlt haben, weil sie jemanden lieben.

HINWEIS

Die Namen und Personalien der Mitwirkenden wurden geändert. Einige hätten lieber ihre Klarnamen verwendet, aber die meisten mussten aus Sicherheitsgründen anonym bleiben, und es schien fairer, alle gleich zu behandeln. Um die Einordnung in den jeweiligen Zusammenhang zu erleichtern, sind bei jeder Geschichte das Alter der Person bei ihrem Coming-out und der Ort, an dem sie zu der Zeit lebte, genannt.

WAS NICHT VERGESSEN WERDEN SOLLTE

Die hier aufgeführten Geschichten sind für alle Beteiligten sehr persönlich und basieren auf der eigenen Lebenserfahrung. Daher sind jede Story sowie die Art und Weise, wie die jeweilige sexuelle Orientierung und geschlechtliche Identität definiert und erklärt werden, so wiedergegeben, dass sie für die erzählende Person am authentischsten sind. Einige bedienen sich vielleicht nicht der Terminologie, die im Allgemeinen am meisten anerkannt wird oder die am inklusivsten erscheinen mag, aber ich fand es wichtig, dass jede Geschichte der Person, die sie mir erzählt hat, treu bleibt.

Da ich alle Arten von Erfahrungen dokumentiere, die mit einem Coming-out im Zusammenhang stehen, solltest du wissen, dass einige dieser Storys schwierige Themen wie Gewalt, Trauma, Selbstmord und absichtliche Selbstverletzungen behandeln. Es gibt aber auch Geschichten, die von Liebe, Akzeptanz und Humor geprägt sind.

Unzählige schlaflose Nächte

Laurence King Verlag GmbH
Jablonskistraße 27, 10405 Berlin
www.laurencekingverlag.de

Erstmals erschienen bei Laurence King Publishing in Großbritannien 2024

Laurence King Publishing ist ein Imprint von
The Orion Publishing Group Ltd
Carmelite House, 50 Victoria Embankment
London EC4Y 0DZ

Ein Unternehmen von Hachette UK

Commissioning Editor: Andrew Roff
Senior Editor: Katherine Pitt
Designer: Mylène Mozas

Für die deutsche Ausgabe:
Übersetzung: Dr. Ulrich Korn, Dortmund
Lektorat: Dr. Thomas Hauffe, Dortmund
Satz: Igor Divis, Dortmund
Projektleitung: hauffe publishing, Dortmund

ISBN: 978-3-96244-343-6

1. Auflage 2024
Gedruckt in China bei C&C Offset Printing Co. Ltd

www.laurenceking.com
www.orionbooks.co.uk

Unzählige schlaflose Nächte

Coming-out-Geschichten
und -Erfahrungen

Carina Maggar

Aus dem Englischen von Ulrich Korn

Laurence King Verlag

Inhalt

Unzählige schlaflose Nächte

Ein Coming-out ist keine einmalige Geschichte, sondern etwas, das ich Tag für Tag tun muss: wenn ich jemanden zum ersten Mal treffe, wenn ich einen neuen Job antrete oder wenn ich beim Friseur bin und mir die Haare föhnen lasse. Lesbisch zu sein ist scheiße, wenn man eine zurückhaltende Person ist. Erst neulich saß ich in einem Uber und der Fahrer fragte mich, ob ich auf dem Weg zu meinem Freund sei. Ich habe ihn nicht korrigiert. Man weiß nie, wie der andere reagiert, und ich ziehe es vor, das Risiko lieber nicht einzugehen. Ich bin ein verschwiegener Mensch, meine Sexualität ist ein sehr kleiner Teil von mir, und wenn ich sie nicht an die große Glocke hänge, bedeutet das nicht, dass ich weniger stolz bin. Es ist in Ordnung, wenn man sie nicht mit jedem Fremden teilen möchte.

Mein Coming-out zog sich insgesamt über zehn Jahre; es war eine einsame und konfuse Zeit. Ich hatte Verabredungen mit Männern, aber es fühlte sich nie richtig an. Mit jeder Hand, die ich hielt, kam ich mir vor, als würde ich die Rolle der Person spielen, die ich gerne wäre. Jede Liebeskomödie war ein Schlag ins Gesicht, sie alle erinnerten mich an ein Leben, das ich nie haben würde. Die Tatsache, dass ich kein Hetero war, aber unbedingt einer sein wollte, war eine quälende Erkenntnis, mit der ich mich abfinden musste.

Im Rückblick wusste ich es schon, als ich sieben Jahre alt war. Ich erinnere mich, dass ich mich meinen Freundinnen in der Grundschule gegenüber sehr beschützend aufführte und ein wachsames Auge auf sie hatte, wenn sie die Klettergerüste erklommen oder kopfüber ins Schwimmbecken sprangen. Im Alter von acht Jahren war mein erster Schwarm meine Englischlehrerin. Einmal schrieb ich ihr eine Valentinskarte und legte sie ihr auf das Pult. Ich weiß noch, wie aufgeregt und nervös ich damals war. Ebenso werde ich nie vergessen, wie ich mit elf Jahren ins Kino ging und Angelina Jolie in *Lara Croft: Tomb Raider* (2001) sah; ich verstand damals nicht, warum, aber ich war total begeistert von ihr. Als Teenager war ich nie ein Fan der Backstreet Boys oder von NSYNC, wie so viele meiner Freundinnen; ich fand die Jungs uninteressant. Aber ich verbrachte Stunden damit, mich leidenschaftlich mit Britney und den Spice Girls zu beschäftigen.

Ich verbrachte vier verwirrende Jahre an der Universität und versuchte herauszufinden, wer ich war. In jener Zeit wurden viele Herzen gebrochen. Als ich von einer Beziehung zur nächsten wechselte, hinterließ ich eine Spur der Verwüstung. Es war egoistisch von mir, mit meinen Gefühlen auf Kosten anderer zu experimentieren, doch ich war mir dessen damals nicht bewusst. Jahrelang redete ich mir ein, nicht den richtigen Mann getroffen zu haben. Mein Desinteresse gegenüber Männern wurde mir so ausgelegt, als sei ich schwer zu haben oder eine „Herausforderung". Eine Zeit lang dachte ich, da könnte tatsächlich etwas dran sein.

Als ich schließlich erkannte, wer ich wirklich war, bereitete ich mich fast ein Jahr lang darauf vor, es meinen Eltern zu sagen. Wenn überhaupt, habe ich nur den passenden Augenblick abgewartet, meinen eigenen inneren Konflikt auflösen zu können. Ich hatte viele schlaflose Nächte, in denen ich völlig irritiert war und von Ängsten geplagt wurde. Es war nicht so sehr die Sorge, wie meine Eltern reagieren würden, sondern der Druck, einen geeigneten

Zeitpunkt zu finden, um mich hinzusetzen und es ihnen zu offenbaren. Je mehr ich darüber nachdachte, desto mehr verschlimmerte ich das Problem, indem ich es zu etwas viel Gravierendem machte, als es war. Als ich ihnen sagte, dass es kein Zurück mehr gab, war das der Beginn eines neuen Lebens, und das machte mir Angst.

Ich wollte nicht, dass meine Eltern dachten, ich würde sie anlügen oder versuchen, sie zu täuschen. Ich war es leid, immer die gleichen Fragen zu hören: „Hast du einen Freund?" oder „Hast du eine Verabredung?" Ich hatte es satt, immer mit den gleichen Ausreden zu kommen: „Ich habe zu viel zu tun", „Es gibt niemanden, an dem ich interessiert bin" oder „Ich konzentriere mich auf mein Studium." Mit jeder Lüge kam ich mir vor wie eine Heuchlerin. Schlimmer noch, ich glaube, meine Eltern haben meine Schwindelei durchschaut. Als die Jahre ins Land zogen und ich immer noch keinen Freund hatte, kam es zu einem vorhersehbaren verbalen Austausch, den wir durchmachen mussten.

Ein Coming-out, unter welchen Umständen auch immer, ist meist ein schwieriger Schritt. Dieses Buch erinnert mich jedoch oft daran, dass ein Coming-out ein gewisser Luxus sein kann, etwas, zu dem viele nie die Gelegenheit haben werden.

Wie alles begann

Von 2015 bis 2016 studierte ich Psychotherapie an der Uni. Während des Studiums faszinierten mich das Thema Homosexualität und die seit Langem geführte Debatte über angeborene und anerzogene Entwicklungsfaktoren. Ich hatte mich in einer E-Mail gegenüber meinem Vater geoutet (dazu später mehr) und bat daraufhin Menschen, ihre Briefe und E-Mails, in denen sie sich outeten, mit mir zu teilen. Das Ganze blieb eine rein persönliche Angelegenheit, bis ich ein paar Jahre später dank der sozialen Medien Fremde kontaktieren und sie fragen konnte, ob sie über ihre Erfahrungen interviewt werden wollten. Keine Geschichte glich der anderen, und mein leidenschaftliches Projekt wurde schnell zu einer überwältigenden Manie. An diesem Punkt hatte ich das Gefühl, dass die Welt von diesen Geschichten erfahren sollte.

Zwischen Januar und September 2022 habe ich 85 Menschen in 16 Ländern interviewt. Alle Gespräche fanden über Zoom, am Telefon oder über Sprachnotizen statt. Es war mir wichtig, alle Arten von Coming-out-Erfahrungen darzustellen: die guten, die traurigen, die überraschenden und die lustigen. Außerdem wollte ich, dass die Geschichten so vielfältig wie möglich sind, also habe ich mit Menschen aller Altersgruppen, Herkünfte und Religionen gesprochen. Von all den fremden Menschen, die ich ansprach, lehnte nicht ein einziger es ab, über seine Erfahrung zu sprechen. Für viele war die einzige Sorge, ihre Identität zu schützen.

Dieses Buch, das fast ein Jahr meines Lebens in Anspruch genommen hat, war eine demütig machende und lehrreiche Erfahrung. Als dreißigjährige lesbische Frau aus London wusste ich vieles nicht, bevor ich dieses Projekt in Angriff nahm. Und das, was die Menschen mir gegenüber von sich enthüllten, schwirrte mir nach jedem Interview noch lange im Kopf herum. Auf jede traurige Story folgte eine Welle von Schuldgefühlen. Ich klappte meinen Laptop zu, ging nach unten und aß mit meiner Partnerin in unserem Haus zu Abend. Für so viele Menschen, mit denen ich sprach, wäre eine solch nette, aber unscheinbare Angelegenheit unvorstellbar, aber ich hatte sie als etwas völlig Selbstverständliches betrachtet. In vielen Teilen der Welt wird eine Frau wie ich niemals so frei leben können. Viele Frauen werden nie erleben, wie es ist, mit ihrer Partnerin Händchen zu halten, wenn sie die Straße entlanggehen oder sich am Bahnhof einen Abschiedskuss geben. Im Jahr 2023 gibt es siebzig Länder, in denen Homosexualität strafrechtlich verfolgt wird. Die Todesstrafe ist die gesetzlich vorgeschriebene Strafe in den folgenden Ländern: Afghanistan, Brunei, Iran, Mauretanien, Nigeria, Pakistan, Katar, Saudi-Arabien, Somalia, Vereinigte Arabische Emirate und Jemen.* Für Millionen von Menschen ist das Coming-out keine Option. Die Folgen für so viele von ihnen sind Obdachlosigkeit, Arbeitslosigkeit, Unterdrückung, Gewalt, Gefängnis oder Tod. Der Gedanke, dass wunderbare Menschen auf der ganzen Welt leiden müssen, nur weil sie jemanden lieben, macht mich wütend und traurig.

Ich wollte dieses Buch aus mehreren Gründen schreiben: für Eltern, die es ihren Kindern schenken möchten, wenn sie vermuten, dass sie mit ihrer Sexualität zu kämpfen haben; für Heterosexuelle, die das Thema besser verstehen möchten; für Menschen, die Teil der LGBTQIA+-Community sind, ganz gleich, ob sie sich geoutet haben oder nicht; und für diejenigen, die Unterstützung brauchen oder selbst mehr Unterstützung leisten möchten.

Wenn du dir noch nicht ganz sicher bist, dann weißt du jedenfalls, dass du nicht allein bist und dass du dich immer jemandem anvertrauen kannst. Den richtigen Zeitpunkt gibt es nie, aber du wirst es wissen, wenn du bereit bist.

* *https://www.stonewall.org.uk/cy/lgbtq-facts-and-figures*

Manchmal erkennen Menschen
Teile von dir, die du selbst
noch nicht entdeckt hast.

26, Ungarn

Ein Moment der Erleuchtung?

Ich bin in Ungarn aufgewachsen. Dort gab es keine Gay-Szene, keine Interessenvertretung für die LGBTQIA+-Community. Wenn ich also bestimmte Erfahrungen mit Mädchen machte, schob ich das auf Neugierde und Spaß; ich dachte, alle machten das.

Im Lockdown wurde mir klar, dass ich bisexuell bin, und als meine Mitbewohnerin und ich gemeinsam beim Abendessen saßen, outete ich mich ihr gegenüber. Wir unterhielten uns gerade über das Leben und andere Dinge, und ich sagte ganz nebenbei: „Weißt du, ich glaube, ich bin bi." Ich dachte, das wäre eine bahnbrechende Neuigkeit für sie und machte mich auf eine überzogene Reaktion gefasst.

Aber nichts kam. Ihr Gesicht verriet absolut gar nichts. Sie starrte mich ausdruckslos an, bevor es ihr dämmerte: „Oh! Warte! Ich dachte, das wüssten wir schon?! Weiß das nicht jeder? Ist das jetzt eine Neuigkeit? Haben wir gerade einen Moment der Erleuchtung?!"

Sie hatte vermutet, dass ich seit Jahren offen zu meiner Bisexualität stehe. Ich sagte: „Tja, ich bin froh, dass du es weißt! Ich habe es selbst gerade erst herausgefunden!"

Manchmal erkennen Menschen Teile von dir, die du selbst noch nicht entdeckt hast. Ich wünschte nur, sie hätte mich vorher gefragt oder früher mit mir darüber geredet. Das hätte die ganze Sache für mich wirklich beschleunigt.

18, Rio de Janeiro

Die Heilung

Meine Eltern sind beide Pastoren. Ich wurde in dem Glauben erzogen, eines Tages einen Mann zu heiraten, den Erdboden, auf dem er sich bewegt, anzubeten und jeden Sonntag in die Kirche zu gehen. Als ich zwölf war, hatte ich meinen ersten Kuss mit einem Mädchen. Ich dachte: Oh Gott, das ist so falsch. Das hat mich ziemlich durcheinandergebracht. Als Teenager habe ich versucht, gegen diese Gefühle anzukämpfen. Jeden Abend betete ich so inbrünstig, geheilt zu werden, dass meine Knie ständig blau und blutunterlaufen waren. Zur Strafe ließ ich die Mahlzeiten ausfallen.

Mit achtzehn hatte ich mich damit abgefunden, wer ich war. Ich war schon eine Weile mit einem Mädchen zusammen, als mein Vater eine anonyme E-Mail von jemandem aus der Kirche erhielt, der ihn darüber informieren wollte, dass ich mich mit einer Frau traf. Meine Eltern setzten sich mit mir zusammen, zeigten mir die E-Mail und schlugen mir vor, ein Zentrum für „Konversionstherapie für Homosexuelle" zu besuchen. Diese Kliniken sind in Brasilien sehr beliebt, und [der ehemalige] Präsident Bolsonaro vertrat sehr homophobe Ansichten; er war stolz darauf.

Ich willigte ein, dorthin zu gehen. Damals stand ich der Idee offen gegenüber. Ich weiß nicht, ob ich meinen Eltern eine Freude machen wollte oder ob ich einfach nur neugierig war. Auf jeden Fall hatte ich das Gefühl, dass ein kleiner Teil von mir noch in Ordnung gebracht werden musste. Ich buchte online eine Sitzung, die über ein Programm der Kirche finanziert wurde.

Meine Therapeutin war ganz offensichtlich lesbisch. Als ich sie darauf ansprach, rief sie aus: „Jesus hat mich geheilt! Jetzt habe ich nur noch ihn, und das ist alles, was zählt!" Als ich von meiner Kindheit erzählte, sagte sie: „Dein Vater wollte einen Sohn, er hat dich immer zu Fußballspielen mitgenommen. Deine Eltern haben sich scheiden lassen, als du klein warst; du hast dein ganzes Leben bei ihm gelebt. Deshalb glaubst du, dass du eine Frau brauchst. Es hat dir gefehlt, eine Frau um dich zu haben, als du noch ein Kind warst." Sie gab mir ein Buch mit dem Titel *Reasons for Lesbianism* (Gründe für das Lesbischsein), in dem genannt wurden:

Mädchen, deren Eltern sich scheiden lassen,
Mädchen, die ältere Brüder haben,
Mädchen, die einen schwachen Vater haben,
Mädchen, die sexuell missbraucht worden sind.

Dem Buch zufolge kann jede Erfahrung dazu führen, dass man lesbisch wird. Auf dem Weg nach draußen warf ich das Buch in den Müll und kehrte nie wieder in die Klinik zurück.

Während seiner drei Jahrzehnte in der Politik hat Präsident Jair Bolsonaro kein Geheimnis aus seiner Homophobie gemacht. Im Jahr 2013 sagte er: „Ja, ich bin homophob – und sehr stolz darauf."

17, Leeds, England

Du wirst immer ein Bett bei uns zu Hause haben

Ich wuchs in den 1990er Jahren in einem kleinen, malerischen Dorf auf; es war der perfekte Ort, um Kinder großzuziehen. Als Familie haben wir am liebsten die Esel gefüttert, sind auf Bäume geklettert und am Wochenende Fahrrad gefahren. Meine Schwester und ich waren unschuldige Vorstadtkinder, und unsere Eltern waren sehr streng. Unser Haus war wie ein Museum. Alles hatte einen bestimmten Platz; es war fast so, als ob unsere Sachen mit einer roten Kordel abgesperrt werden und wir Eintritt hätten verlangen müssen. Wenn man einen Gegenstand, der bei uns zur Zierde stand, auch nur ein klein wenig im Uhrzeigersinn drehte, rastete meine Mutter aus.

Meine früheste Erinnerung daran, schwul zu sein, ist aus der Zeit, als ich sechs Jahre alt war. Ich ging zur Grundschule und wir gestalteten Karten für den Valentinstag. Ich habe meine für einen Jungen namens Freddie gebastelt und sie stolz in seinen Spind gelegt. Später am Abend unterhielt ich mich mit meiner

Schwester und sie erklärte mir, dass Valentinskarten für Jungen gedacht sind, um sie an Mädchen zu verschenken. Am nächsten Morgen bat ich meinen Lehrer, hinausgehen zu dürfen, und nahm die Karte aus Freddies Spind. Ich war irritiert und ärgerte mich, dass er sie nicht lesen oder die Mühe sehen würde, die ich mir mit ihr gegeben hatte.

In meinem ersten Jahr an der Highschool war ich schon recht feminin. Meine Mutter hatte mich in der Theaterschule angemeldet, und so sang und steppte ich ständig in der Warteschlange beim Mittagessen oder zwischen den Unterrichtsstunden. Die Kinder fanden es seltsam, dass ich Jazz-Schuhe trug, und hänselten mich deswegen unerbittlich. So sehr mir der Schauspielunterricht auch Spaß machte, irgendwann hörte ich auf, hinzugehen. Es war einfacher so für mich.

Ich war mit diesem beliebten Mädchen befreundet, und eines Tages gerieten wir in unserem Klassenzimmer in einen dummen Streit. Ich war ein sensibler Typ und begann zu weinen. Sie schrie mich an, bezeichnete mich als „schwul" und „übertrieben gefühlvoll". Von diesem Zeitpunkt an kannte mich jeder für meine restliche Zeit auf der Secondary School (Mittelschule) als „das schwule Kind". Ich war die Zielscheibe des Spotts. Ich denke immer noch manchmal darüber nach. Wenn ich nie so genannt oder gefoppt worden wäre, wüsste ich nicht, als was ich mich heute bezeichnen würde. Wie sehr hat es mich geprägt, dass ich schon in so jungen Jahren derart abgestempelt wurde? Es ist, als hätte man mich in eine Schublade gesteckt, bevor ich die Möglichkeit hatte, sie selbst auszusuchen. Ich bin mir sicher, dass ich trotzdem so geworden wäre, wie ich bin, aber es hat einen Keim gelegt.

Meine Schulzeit war furchtbar. Fünfzehn Jahre später bin ich immer noch traumatisiert. Ich hasste den Sportunterricht, hasste die Umkleideräume, hasste es, in der Nähe von Jungs zu sein, falls sie dachten, ich stünde auf sie. Ich war der komische Kauz ohne Freunde, und zwar so sehr, dass ich mein Mittagessen in einer Toilettenkabine zu mir nahm und allein aß. Es war eine sehr einsame Zeit.

Mit siebzehn verlor ich meine Unschuld an einen Jungen. Ein paar Nächte danach habe ich mich vor meiner Schwester geoutet. Das war nicht geplant. Ich weiß noch, dass ich in Tränen ausbrach und hysterisch weinte. Als ich aufwuchs, kannten wir niemanden, der homosexuell war, und es gab auch keine

Persönlichkeiten in der Öffentlichkeit, an denen ich mich hätte orientieren können. Ich fühlte mich wie ein Ausgestoßener, das merkwürdige Kind, das gestörte schwarze Schaf der Familie. Und dass ich schwul war, kam obendrein noch hinzu. Meine Schwester bot an, es unseren Eltern für mich zu sagen, und machte sich flugs auf den Weg nach unten. Ein paar Minuten später hörte ich meinen Vater die Treppe hochlaufen. Er klopfte nicht an meine Tür, er riss sie einfach auf und stürmte herein. Ich lag zusammengerollt auf meinem Bett, in Embryonalstellung, und weinte heftig. Er setzte sich neben mich und streichelte mir den Rücken: „Warum hast du mir nichts gesagt? Du hättest zu mir kommen können." Er fühlte sich schrecklich. Wir waren schon immer eine Familie mit enger Verbundenheit gewesen; meine Mutter sagte stets zu mir:

„Du wirst immer ein Bett zu Hause haben,
du bist hier immer willkommen."

Der größte Kummer meiner Eltern war wohl der, dass ich mich mit dieser Sache ganz allein herumgeschlagen hatte, statt mich ihnen anzuvertrauen. Es ist tröstlich, dass mein Vater aufgebracht war, aber warum hat er mich nicht einfach gefragt? Warum wurde es nie bei unseren Spaziergängen oder Fahrradtouren erwähnt? Es gab genügend Gelegenheiten, und ich hätte die Chance ergriffen, offen darüber zu sprechen.

Tief im Innern wusste ich, dass ich mir keine Sorgen machen musste, aber ich war verlegen und schämte mich. Wenn ich etwas aus meinen Erfahrungen in der Schule gelernt habe, dann ist es „Scheiß auf die Meinung der anderen". Du wirst erwachsen, du lebst dein Leben, du wirst Leute kennenlernen und dich nie wieder mit diesen Idioten abgeben müssen.

Wenn jemand merkt, dass ich nicht hetero bin, bekomme ich garantiert eine der folgenden Bemerkungen zu hören, mit denen ich schon rechne:

„Du siehst nicht lesbisch aus!“

„Das hätte ich nie gedacht!“

„Oh, meine Schwester oder mein Bruder/Cousin/Onkel ist gay!“

„Seit wann weißt du es?“

„Woher weißt du das?“

„Möchtest du Kinder haben?“

„Meinst du, dass du jemals heiraten wirst?“

„Fühlst du dich überhaupt zu Männern hingezogen?“

„Warst du jemals mit einem Mann zusammen?“

„Was haben deine Eltern dazu gesagt?“

„Ist deine Familie damit einverstanden?“

„Ich habe Frauen schon immer attraktiv gefunden, glaube aber nicht, dass ich mit einer zusammen sein könnte.“

„Wer hat in deiner Beziehung die Hosen an?“

„Du bist ziemlich mädchenhaft, nicht wahr?!“

„Warst du schon immer gay?“

Und die Crème de la Crème:

„Ich verstehe nicht, warum sich Lesben nicht zu Männern hingezogen fühlen, sich aber wie sie kleiden.“

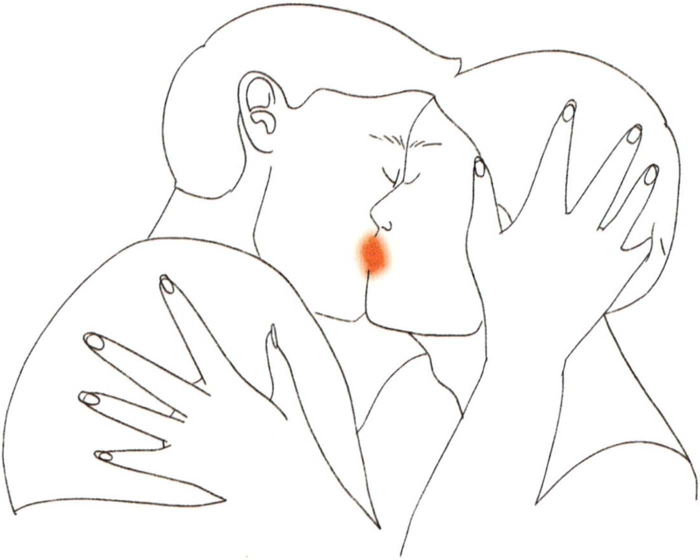

16, San Diego, USA

Papierservietten

Ich wurde in San Diego geboren, in einem Viertel, das man im Volksmund als „Gaybourhood“ (Schwulenviertel) bezeichnet, einem lustigen, kreativen und farbenfrohen Teil der Stadt. Mein Vater verließ San Diego, bevor ich geboren wurde. Als ich sechzehn war, habe ich ihn ausfindig gemacht und wir haben uns zum ersten Mal getroffen; im selben Jahr habe ich mich geoutet.

Schon im Alter von vier Jahren musste ich unbedingt mit dem hübschesten Mädchen der Klasse befreundet sein. Ich lief den mädchenhaftesten Mädels stets hinterher wie ein kleines verlorenes Entlein. Es machte mir Spaß, albern zu sein und sie zum Lachen zu bringen. Ich spürte immer diese unsichtbare Kraft, die mich zu Mädchen hinzog. Mir war nur nicht klar, warum, bis ich zum ersten Mal eines küsste. Ich hatte schon Jungs geküsst, aber das war etwas ganz anderes.

Einen Jungen zu küssen fühlte sich an, als kaute man auf einer Papierserviette herum; ein Mädchen zu küssen war etwas wie aus einem Disney-Film.

Mein Coming-out war nicht einfach. Es war etwas, das sich langsam an mich heranpirschte; und dann hatte ich plötzlich eine Offenbarung, und alles ergab einen Sinn. Obwohl meine Familie sehr tolerant und verständnisvoll ist, schämte ich mich bei dem Gedanken, es jemandem zu sagen. Ich fürchtete mich sogar davor, es mir selbst gegenüber laut auszusprechen. Ich kannte keine lesbischen Frauen, und es gab weiß Gott niemanden, mit dem ich reden konnte, der sich in einer ähnlichen Situation befand.

An dem Abend, an dem es schließlich meine Mutter erfuhr, war ich als Babysitter unterwegs. Sie rief mich an und fragte ohne Umschweife, ob ich lesbisch sei. Ich weiß nicht, was sie geritten hatte; es war 21 Uhr und ich war nicht zu Hause. Warum sie ausgerechnet diesen Zeitpunkt gewählt hat, werde ich nie erfahren. Für mich gab es nur zwei Möglichkeiten: das Weite zu suchen oder mich der Sache zu stellen. Ich hatte nur den Bruchteil einer Sekunde Zeit, mich zu entscheiden. „Ja, das bin ich." Wir hatten noch nie über meine Sexualität gesprochen. Sie hatte sie nie infrage gestellt.

Meine Mutter holte mich später am Abend ab, und mir war noch nie so schrecklich übel. Nachdem wir eine Weile gefahren waren, ohne auch nur ein Wort zu wechseln, hielt sie an einer roten Ampel an, drehte sich zu mir um, drückte sanft mein Knie und flüsterte: „Du wirst mir immer das Liebste sein."

42, Nord-London, England

Dänische Brötchen

Ich wuchs in den 1980er Jahren in einem streng orthodoxen jüdischen Elternhaus auf, hatte eine sehr behütete Erziehung und überfürsorgliche Eltern.

Mit sechzehn hatte ich eine heimliche Beziehung. Im Jahr 1996, nachdem wir ein Jahr lang zusammen gewesen waren, schlug er vor, dass wir uns beide einem HIV-Test unterziehen sollten. Ich war, was mich kaum überraschte, negativ; er war mein erster Mann und wir haben uns immer geschützt. Leider waren seine Ergebnisse positiv. Sein Gesundheitszustand verschlechterte sich rapide, sodass er sechs Monate später verstarb. Er verbrachte seine letzten Monate im Haus seiner Eltern. Sie hinderten mich daran, mit ihm in Kontakt zu treten oder ihn zu besuchen, und erst einige Wochen nach seinem Tod erfuhr ich durch einen Freund von seinem Ableben. Ich rief seine Mutter an, um herauszufinden, wann die Beerdigung stattfinden würde. „Wir haben alles erledigt. Wir wollten nicht, dass jemand von euch dabei ist.“ Sie legte auf. Er war mein erster Freund, und bis heute weiß ich nicht, wo er begraben ist.

Mit Mitte zwanzig lebte ich noch zu Hause und arbeitete als Koch. Ich hatte mich mit ein paar extrem schwulen Kellnern angefreundet und ihnen meine Telefonnummer gegeben, wohl auch deshalb, weil ich wollte, dass meine Eltern etwas über mich erfahren.

Eines Abends läutete das Telefon und meine Mutter ging nicht rechtzeitig ran. Der Anrufbeantworter ging an. Meine betrunkenen Freunde hinterließen eine exaltierte Nachricht, in der sie etwas skandierten wie „Du alte Tunte! Kommst du heute Abend mit ins „Heaven“? Viele wunderschöne junge Männer warten auf dich!“ Ich kam gerade die Treppe herunter, als der Piepton des Anrufbeantworters endete. Meine arme Mutter. Nie werde ich den Blick des blanken Entsetzens auf ihrem geisterhaften, blassen Gesicht vergessen. Sie spielte mir die Mailbox ab und zwang mich, sie mit ihr abzuhören: „Sag es

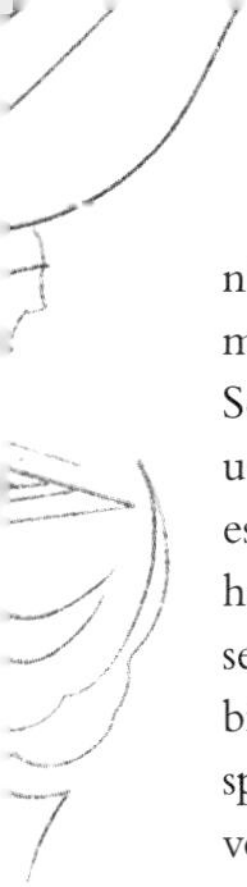

nicht deinem Vater, es wird ihn krank machen." Wir hielten es ein Jahr lang vor meinem Vater geheim, bis ich an einer Fernsehdokumentation über das Queer-Sein in London teilnahm. Ich sollte in der folgenden Woche interviewt werden und hatte etwas auf dem Computer meines Vaters vorbereitet. Ich speicherte es an einem geheimen Ort, um es am nächsten Morgen auszudrucken. Ich hatte keine Ahnung, dass mein Vater, als er am späten Abend nach Hause kam, seinen Computer einschaltete, die Datei fand und ausdruckte. In gewisser Weise bin ich froh, dass es so passiert ist. Es war nützlich, denn in meinem Schreiben sprach ich davon, dass ich seine Reaktion und die Tatsache, dass ich vielleicht von zu Hause weggehen müsste, am meisten fürchtete.

Als ich gegen vier Uhr morgens aufwachte, spürte ich am Ende meines Bettes etwas Schweres. Ich öffnete die Augen und schaltete die Nachttischlampe an. Mein Vater saß weinend da und hielt das Blatt Papier in der Hand. Seine Reaktion war ganz und gar nicht so, wie ich erwartet hatte:

„Das Schlimmste ist, dass mein Kind glaubt, es würde von mir abgelehnt oder heimatlos werden, weil es so ist, wie es ist."

Er war verzweifelt. Bis heute bekomme ich feuchte Augen, wenn ich nur an seine Worte denke. Als er am nächsten Tag von der Arbeit zurückkam, war er sehr stolz auf sich und hatte einen Stapel Broschüren über eine Synagoge für homosexuelle Juden in der Hand, die er gefunden hatte, damit wir als Familie dorthin gehen konnten.

Jahre später, als ich vierzig war, infizierte ich mich mit HIV. Ich erzählte es meiner Mutter im Wohnzimmer. Es war wie ein erneutes Coming-out. Sie brach in Tränen aus und sagte, sie könne nicht verstehen, wie ich mir das habe antun können, wie ich so unvorsichtig sein konnte und dass ihre schlimmste Befürchtung wahr geworden war. Als sie den Schlüssel meines Vaters in der Haustür hörte, sprang sie aus ihrem Stuhl auf und bestand darauf, uns allen eine Tasse Tee zu machen. Mein Vater erschien in der Tür, schaute in ihr Gesicht und dann wieder zu mir. „Was ist denn jetzt passiert?"

Auf die typische Art einer jüdischen Mutter drehte sie sich mit geröteten Augen zu uns beiden um, die Wimperntusche lief ihr übers Gesicht. „Möchte jemand ein dänisches Brötchen? Ich kann welche auf den Toaster legen."

Ich bin mir nur zu sehr bewusst, dass ich andere Menschen in Verlegenheit bringe, sodass ich gelernt habe, mich anzupassen. Ich bin so etwas wie ein soziales Chamäleon.

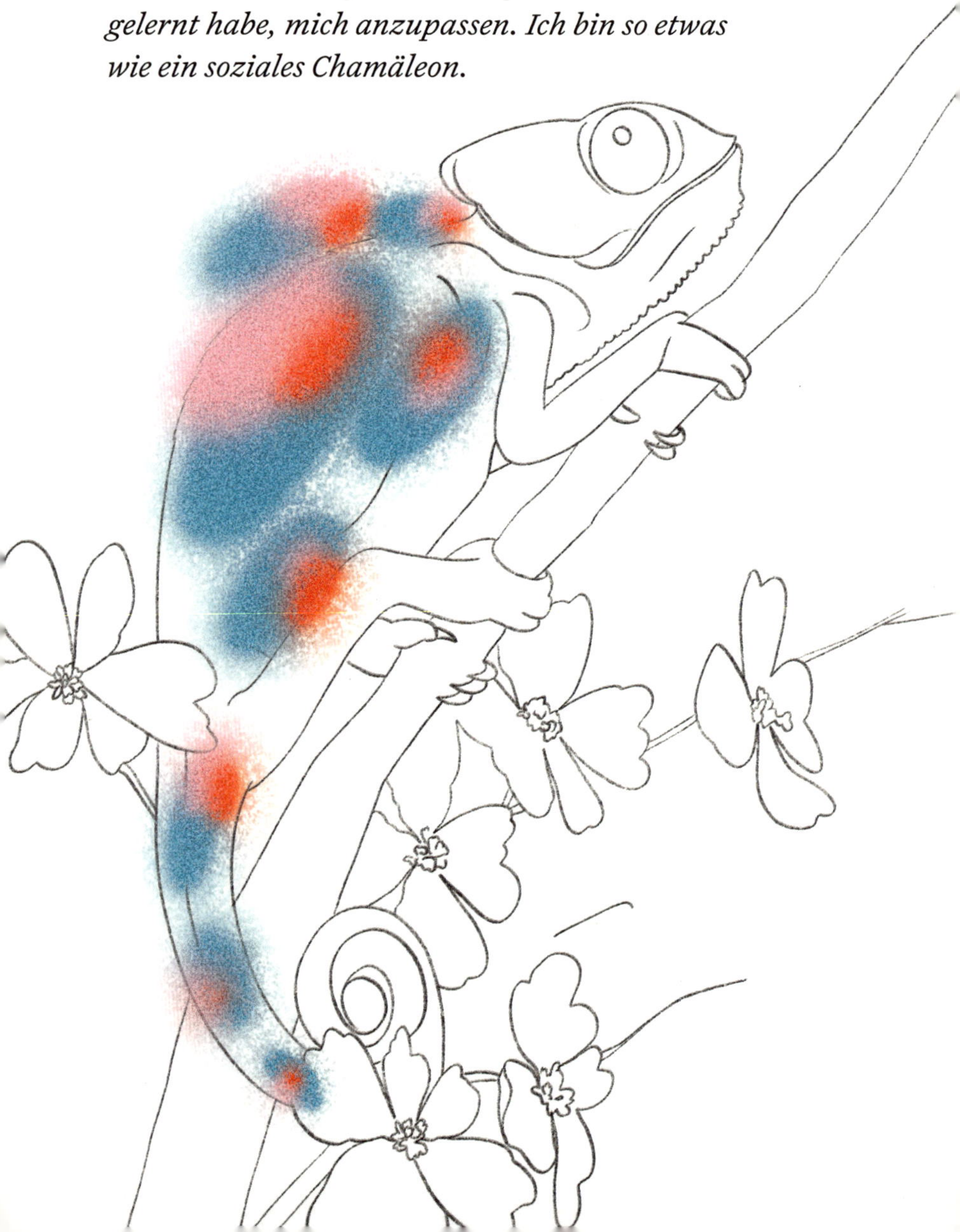

19, Manchester, England

Slip mit Tiger

In meiner Teenagerzeit stellte ich alles an mir infrage und fühlte mich wirklich deprimiert. Ich habe nicht die übliche Geschichte über mein Coming-out zu erzählen; ich habe mich nie mit meiner Familie zusammen an einen Tisch gesetzt. Es flossen keine Tränen, es gab keine Rede. Es war ziemlich enttäuschend. Sich zu outen ist irgendwie bizarr; es gibt keine festen Regeln, keine Formel. In den Neunzigern gab es keine queeren Persönlichkeiten, zu denen ich aufschauen konnte. Deshalb hat es lange gedauert, bis ich mich damit abgefunden habe, wer ich war und was ich fühlte. Ich wusste, dass ich anders war als die anderen Kinder, und im Innern hatte ich viele Kämpfe mit mir auszutragen.

Eine meiner frühesten Erinnerungen ist das Musikvideo *Rock DJ* von Robbie Williams. Er befindet sich mitten auf einer Rollschuhbahn, umgeben von sexy Mädchen, und zieht seine Hose aus, um einen mit einem Tiger bedruckten Slip zu enthüllen. Ich war fünf Jahre alt und besessen von diesem Teil des Videos – nicht wegen der halbnackten Frauen, sondern wegen dieser Hose. Manchmal wurde das Video gerade dann abgeblendet, als er sich die Hose vom Leib reißen wollte, und ich wurde wütend und schrie den Fernseher an. In der Schule erzählte ich immer, dass mein Pimmel auf merkwürdige Weise wuchs, wenn ich an Robbie dachte, und ich war verwirrt, wenn andere Jungs nichts damit anfangen konnten.

Ich war das andere Kind. Ich liebte es, lange Haare zu haben, zu singen, zu tanzen, aufzutreten. Für alles, was ich aus Leidenschaft tat, wurde ich ausgelacht. Kinder sind so grausam. Ich wurde oft schikaniert, weil ich „schwul" war. Damals wusste ich nicht, dass ich es war, und sie wussten es auch nicht; es war einfach eine Beleidigung, die die Leute von sich gaben. Nach Monaten, die ich durch die Hölle gegangen bin, erinnere ich mich, dass ein Kind während einer Unterrichtsstunde wiederholt gegen meine Stuhllehne getreten hatte. Ich war damals besonders deprimiert und einsam und hatte mich allmählich physisch in mich zurückgezogen. Ich ging zu meinem Lehrer und erklärte ihm, was passiert war. Ich sagte ihm, wie ich genannt wurde, und er erwiderte: „Nun, wie verhältst du dich, wenn sie um dich herum sind?" Den Rest des Jahres verbrachte ich in Schweigen.

Im folgenden Jahr war ich hin und weg von einem Jungen, der gerade an meiner Schule angefangen hatte. Zu dieser Zeit war der Begriff „bi" in Mode. Ich dachte mir, ich sei das auch. Ich erzählte es meinem besten Freund, und der sagte es allen in der Schule. Die Kinder warnten einander, nicht in die Umkleideräume oder auf die Toilette zu gehen, wenn ich dort war. Es war erneut ein vernichtender Schlag. Ich hatte mich noch nie so allein gefühlt. Alles, was ich brauchte, war Gesellschaft.

Als ich vierzehn war, fragte mich mein Onkel am Weihnachtstisch, warum ich keine Freundin hätte. Ich entschuldigte mich, ging ins Bad, schaute in den Spiegel und sagte zu meinem Spiegelbild: „Du bist schwul." Das war das erste Mal, dass ich es mir eingestanden habe. Ich habe es niemandem erzählt, denn ich hatte zu viel Angst, zu Hause genauso einsam zu sein wie in der Schule.

Die Zeit am College war konfus. Ich ging kurz mit einem Mädchen aus, und als wir einmal miteinander schliefen, wurde sie schwanger. Dann hatte ich einen Freund, der mir schließlich das Herz brach. Es war alles sehr chaotisch und ich litt allein. Wenn meine Eltern fragten, was los war, wurde ich wütend und verteidigte mich. Nach einer Weile hörten sie auf zu fragen.

Mein endgültiges Coming-out hatte ich mit neunzehn Jahren. Es war in den Sommerferien; ich brachte einen Jungen mit nach Hause und stellte ihn meiner Familie als meinen Freund vor. Sie waren nicht überrascht; ich glaube, zu diesem Zeitpunkt war meine Zeit als Teenager für alle so besorgniserregend, dass es für sie eine Erleichterung war, dass ich schwul war. Trotzdem hatte ich das Gefühl, meine Eltern enttäuscht zu haben. Niemand stellt sich vor, dass sein Kind schwul ist, und das ist immer noch etwas, was mich beschäftigt.

Jedes Mal, wenn ich neue Leute kennenlerne, muss ich mich outen. Ich ertappe mich dabei, wie ich Situationen zu sehr analysiere und abschätze, ob ich mich in Gefahr befinde oder ob ich das „Schwulsein abstellen" und nicht so ausdrucksstark sein muss. Ich bin mir nur zu sehr bewusst, dass ich andere Menschen in Verlegenheit bringe, sodass ich gelernt habe, mich anzupassen. Ich bin so etwas wie ein soziales Chamäleon. Ich möchte nie im Mittelpunkt stehen, aber aus irgendeinem Grund ist das Schwulsein immer das, woran die Leute sich festbeißen.

29, Texas, USA

Dein äußeres Ich

Mein Vater ist ein Bischof der Episkopalkirche und meine Mutter studiert eifrig die Bibel, zudem ist sie sehr engagiert, wenn es um kirchliche Angelegenheiten geht. Aufgewachsen bin ich in Texas und ich wusste, dass es Homosexuelle gibt, aber es kam mir nie in den Sinn, dass jemand sich dessen nicht selbst bewusst sein könnte. Ich war dieses Christen-Kind, das zu christlichen Freizeiten ging und in einem christlichen Sommerlager arbeitete. Überall, wo ich hinkam, hieß es: „Da ist das Kind des Bischofs."

Als ich klein war, erzählte ich den Leuten, ich sei ein Junge. Ich kann mich gut daran erinnern, wie ich meinen Freunden auf die Herrentoilette folgte und mein Lehrer mich zurückzerren musste. Mir war schon immer klar, dass ich irgendwie anders war, ich hatte aber keine Ahnung, wie ich damit umgehen sollte. Aufgrund meiner Religion hatte ich nie ein Bezugssystem dafür.

Während meiner College-Zeit begann ich, oft auf Partys abzuhängen. Ich kam nie auf den Gedanken, es hätte vielleicht damit zu tun, dass ich vor etwas flüchtete. Ich war sehr übergewichtig, rauchte eine Menge Gras und war unglücklich. Als ich 23 war, begann ich den Leuten zu erzählen, dass ich lesbisch war. Obwohl ich eine gewisse Erleichterung verspürte, blieb die Zeit nicht stehen, und es fühlte sich immer noch nicht ganz richtig an. Ich hasste das Wort „lesbisch", konnte mir nie erklären, warum es mich so sehr störte, bis ich den wahren Grund erkannte: Ich war transsexuell.

Mein ganzes Leben lang ging es darum, so zu leben, wie andere Menschen es von mir erwarteten. Ihre Komfortzone war wichtiger als meine. Ich glaubte nie, mir ein Herz fassen zu können, mich zu outen und es den Leuten zu sagen. Also würde ich einfach lesbisch sein, denn das bedeutete, zu fünfzig Prozent glücklicher zu sein als vorher, und das war besser als nichts.

Ich habe mich damit abgefunden, dass ich nie einen Körper haben werde, den ich wirklich liebe. Ich habe ihn nicht gehasst, fühlte mich ihm aber nie verbunden. Die einfachste Art, wie ich es beschreiben kann, ist: Du hast Lust auf Tacos und jemand bringt dir eine Pizza. Pizza ist nicht schlecht, aber sie ist nicht das, was du wolltest. Ich habe mich nie als jemanden gesehen, der so leben würde, wie ich eigentlich sollte; ich wurde im falschen Körper geboren, und so würde es auch bleiben. Gott hat es bei mir verbockt. Ich konnte den Gedanken nicht ertragen, zu sagen: „Mein Vater ist euer religiöses Oberhaupt und ich bin trans." Eine meiner größten Sorgen war, den Ruf meines Vaters zu ruinieren. Ich wusste, dass er mir nie den Rücken zukehren würde, aber ich wollte warten, bis er in den Ruhestand geht, bevor ich es jemandem erzählte. Auf diese Weise stand weniger auf dem Spiel. Ich bin ein eher passiver Schwächling und ein People Pleaser.

Kurz vor der Pandemie hatte ich damit begonnen, einen Binder als Unterwäsche zu tragen. Ich rasierte mir die Haare kurz und fing an, mich maskuliner zu kleiden. Ungefähr zu dieser Zeit sagte meine Mutter: „Glaubst du, dass du ein Junge werden willst?" Ich geriet in Panik und würgte das Thema ab, indem ich ihr sagte, das sei doch lächerlich. Ich glaube, es hat mich einfach kalt erwischt, und ich hatte es nie zuvor als Möglichkeit in Betracht gezogen. Sechs Monate später, mit 29 Jahren, nachdem ich lange in mein Inneres geschaut hatte, habe ich mich als transsexuell geoutet. Ich erzählte es meinen Eltern auf Zoom, wir waren mitten im Lockdown. Ich habe das ganze Gespräch aufgezeichnet und schaue es mir manchmal noch mal an, weil es mich verblüfft, wie viel Glück ich habe, solche Eltern zu haben. Die genauen Worte meines Vaters waren:

> „Uns allen wurde diese Haut, wurden unsere Körper gegeben. Es liegt an uns, herauszufinden, wie sie aussehen."

„Das ist dein *Äußeres*. Jetzt verstehen wir, dass dein Inneres zu deinem Äußeren passen muss. Wir lieben, wer du bist, und wir lieben dich dafür, dass du so bist. Nichts wird jemals etwas daran ändern, das musst du tief in deinem Herzen wissen. Wir freuen uns, dass du dich für ein besseres Leben entschieden hast und dass es dir die Freiheit gibt, die du bisher nicht hattest."

Seit ich mich umgewandelt habe, haben die Leute Dinge gesagt wie: „Aber du warst so hübsch!" Ich habe nie gesagt, dass ich hässlich war. Ich sagte, ich sei im falschen Körper geboren.

19, Birmingham, England

Mum, ich bin verliebt

Ich war ein unbeholfenes Kind. Vielleicht kam ich mir etwas seltsam vor, weil ich immer wusste, dass ich lesbisch bin. Als ich sechzehn war, hatte ich einen tollen Freund. Der Sex war gut und ich genoss ihn, aber ich hasste den Teil danach, wenn er kuscheln oder über Gefühle sprechen wollte. Es war mir unangenehm und ich fühlte mich eingeengt. Ich lag da und zählte die Sekunden, bis ich es nicht mehr aushalten konnte und mich aus seinen Armen löste. Ich habe mich Männern noch nie innig verbunden gefühlt. Mit einer Frau ist das völlig anders, und für mich ist es etwas ganz Natürliches. Ich kann verletzlich, warm, gefühlvoll, offen und sogar richtig geil sein. Ich begann die Dinge tiefer zu hinterfragen, als ich mich, während ich noch mit meinem Freund zusammen war, in meine beste Freundin verliebte.

Ein paar Jahre später reiste ich für ein Jahr allein nach Südamerika. Dort gab ich mich den Menschen gegenüber als Lesbe zu erkennen, um auszutesten, wie es sich für mich anfühlt. Es war nervenzerreißend, und es laut auszusprechen, fiel mir nicht leicht, aber jedes Mal wurde es einfacher und fühlte sich richtig an. Ich hatte Schmetterlinge im Bauch, spürte aber auch den inneren Zwang, mich als das zu akzeptieren, was ich bin, und mich selbstbewusst zu geben.

> Ich nahm mir vor, die Worte so lange sacken zu lassen, bis sie mir nicht mehr fremd waren.

Ich habe mich – typisch für mich – in Buenos Aires in ein Mädchen verliebt und wir küssten uns im strömenden Regen, ein Liebesfilm hätte es nicht besser darstellen können. Und danach war für mich alles klar. Ich wurde in Argentinien neunzehn Jahre alt, und als ich nach Großbritannien zurückkehrte, glaubte ich genau zu wissen, wer ich war.

Meine erste feste Freundin hatte ich an der Uni. Sie war eine französische Austauschstudentin. Wir waren schon ein paar Monate lang zusammen, als ich sie einlud, das Wochenende bei meinen Eltern zu verbringen. Sie verstand sich sehr gut mit meiner Familie und war allseits beliebt, sie fügte sich nahtlos ein.

Dass ich meinen Eltern nicht die ganze Wahrheit gesagt habe, fühlte sich nicht richtig an. Wir haben ein wirklich gutes Verhältnis, und sie sind sehr liberal; sie wissen Menschen aus allen Gesellschaftsschichten zu schätzen. Also kam es mir ihnen gegenüber unfair vor, wenn ich diese Sache nicht erzählte.

Ein paar Wochen später besuchte mich meine Mum an der Uni und ich dachte, ich sollte die Gelegenheit beim Schopf packen, um ihr persönlich von meiner Freundin zu erzählen. Meine Mutter ist Schulleiterin, sehr streng und sachlich. Ihren Schülern graut es gewiss vor ihr. Sie ist kein Typ, der auf Umarmungen steht oder jemandem körperlich zeigt, dass sie ihn mag. Doch sie würde einem von einer Sekunde auf die andere ihr letztes Hemd geben. Es ist recht schwierig, sie zu beschreiben.

Wir gingen in einen Pub und ich schob es immer wieder auf, ihr alles zu gestehen. Ich war total nervös, nicht wegen ihrer Reaktion oder dem, was sie sagen würde, sondern weil ich ihr noch nie etwas besonders Wichtiges zu sagen hatte. Beim Nachtisch platzte ich schließlich damit heraus: „Mum, ich bin verliebt!“ Im Nachhinein betrachtet war das ein etwas seltsamer Anfang. Sie sah mich an und fragte aus dem Stegreif: „Mädchen oder Junge?“ Als ich sagte, es sei ein Mädchen, fragte sie: „Ist es Juliette?“ Ich nickte. „Das ist schön, nicht wahr?“ Es war kurz und schmerzlos, aber auf eine positive und anerkennende Art. Wir redeten weiter, aber nicht so, dass das Thema unter den Teppich gekehrt wurde; sie fand es einfach gut. Keine große Sache.

Später am Abend, als ich in mein Wohnheim zurückkehrte, rief mich mein Vater an. „Ich habe gehört, du bist lesbisch!“ Ich war beschämt. „Ich wollte mich nur mal melden, Liebes. Bestell Juliette einen schönen Gruß von mir!“

Ich schwöre dir, ich bin ein völlig gesunder Mensch, aber viele meiner Coming-out-Geschichten spielen sich in Krankenhäusern oder Arztpraxen ab.

Ich hatte kürzlich eine Routineuntersuchung. Nachdem er meinen Blutdruck gemessen hatte, schaute der Arzthelfer auf sein Klemmbrett:

– „Holt Ihr Partner Sie heute ab?"

– „Ja."

– „Wie heißt er?"

– „Es ist eine ‚Sie'."

Darauf folgte ein verlegenes Schmunzeln, gepaart mit einer nervös gestammelten Entschuldigung.

Es ist unangenehm, einfach nur dazustehen, während sich allmählich Panik wie eine Flutwelle der Peinlichkeit über das Gesicht des anderen legt. Dann folgt in der Regel eines von beiden:

1. Ein pathetischer Monolog, in dem sie einem erklären, dass sie nicht homophob sind und sich normalerweise nicht so blöd anstellen.

2. Dem Thema wird komplett ausgewichen.

Letzteres ist immer besser.

Das Gesetz gibt mir das Gefühl, dass mein Dasein nicht als lebenswert angesehen wird, dass ich nicht leben darf und dass ich keine grundsätzlichen Menschenrechte habe.

40, New York, USA, über Kuwait

Ein starkes Gefühl

Mein Vater ist ein Mitglied der kuwaitischen Königsfamilie. Ich denke, das ist ein wesentlicher Teil meiner Geschichte und der Grund, warum ich mich nicht geoutet habe. Wie ich mich gebe und was ich tue, wirft nicht nur ein schlechtes Licht auf mich, sondern auf meine ganze Familie.

Unser Name, unser Ruf und unser Vermächtnis sind uns heilig.

Es mag brisant sein, wenn man es sagt, aber meiner Meinung nach ist es irgendwie egoistisch, sich zu outen, und das ist etwas, dessen ich mir sehr bewusst bin. Schwul zu sein bringt Schande über meine Familie, und das ist das eigentliche Problem. Im Nahen Osten flüchten sich viele verkappt schwule Männer in die Ehe mit Frauen, weil wir alle Angst vor den Konsequenzen eines Coming-outs haben.

Ich bin in Kuwait geboren und aufgewachsen, bevor ich nach New York gezogen bin und dann in Europa studiert habe. Einer der Gründe, warum ich meine Sexualität für mich behalten konnte, ist, dass ich das Privileg habe, zu reisen. Obwohl ich oft nach Hause fahre, verbringe ich meine Zeit dort mit meiner engsten Familie, und es ist einfacher geworden, das Thema meines Privatlebens nicht anzuschneiden. „Frag nichts, sag nichts" – so sieht's aus.

Ich begann schon sehr früh, Gefühle für Jungen zu haben. Es waren die älteren Brüder von Freunden oder Jungen, die in der Schule ein paar Jahre über mir waren. Es war keine innere Erleuchtung, als ich eines Tages plötzlich merkte, dass ich schwul bin; ich wuchs halt mit dem Wissen auf. Ich war deswegen nie verwirrt oder traurig, nicht ein einziges Mal. Man könnte meinen, aufgrund meines Hintergrunds könnte ich ein Problem damit haben oder müsste innere Kämpfe mit mir austragen, aber ich habe mich stets sehr wohl in meiner Haut gefühlt. Ich habe acht Geschwister, und meine jüngste Schwester ist auch gay. Sie ist jetzt in den Dreißigern und hat es niemandem in der Familie gesagt. Meinen Eltern gegenüber ist sie sehr respektvoll und wird ihr Leben immer im Privaten leben; ich bin mir nicht einmal sicher, ob sie je eine Partnerin hatte. Als ich aufwuchs, sprach ich mit ihr über mein Gefühlsleben und sie gab mir stets ein sicheres Gefühl. Ich kam mir nie vor, als stimmte irgendetwas nicht mit mir, aber die Jungs in der Schule gaben ihre Sprüche von sich, und meine Freunde sagten Dinge wie „Achte darauf, wie du gehst" und „Sprich nicht so". Aber ich sagte ihnen: „Ich werde mich nicht ändern. Mit mir ist alles in Ordnung. Ich bin ein guter Mensch." Gute Menschen zu sein war das Wichtigste, das meine Eltern uns beigebracht haben.

Nach islamischem Recht ist es in Kuwait illegal, schwul zu sein; darauf stehen Steinigung (für Männer und Frauen), bis zu sieben Jahre Gefängnis oder sogar der Tod.

Wenn du durch die Straßen gehst, kannst du es spüren, dieses immer präsente Gefühl von Angst und Unterdrückung.

Das Gesetz gibt mir das Gefühl, dass meine Existenz nicht als lebenswert angesehen wird, dass ich nicht leben darf und dass ich keine grundsätzlichen Menschenrechte habe. Das ist eine wirklich schwere Belastung, die ich mit mir herumtrage.

Wenn ich in Los Angeles oder New York bin, oute ich mich in meinem täglichen Leben. Ich führe ganz bewusst einen queeren Lebensstil. Eines der ersten Dinge, die die Leute über mich erfahren, ist, dass ich schwul bin, sogar in beruflichen Situationen. Es ist ein großer Teil meiner Identität und ich bin stolz darauf. Ich bin nicht diskret; ich lege Wert darauf, genau das Gegenteil zu sein. Mir ist klar, dass die Freiheit, mein authentisches Selbst fern von zu Hause zu leben, ein Glücksfall ist und eine Möglichkeit, die viele nicht haben. Das Komische daran ist, dass ich meine Persönlichkeit nicht verändere, wenn ich nach Kuwait zurückkehre. Ich trage die gleichen Klamotten und spreche auch nicht anders, und man muss nicht Einstein sein, um zu sehen, dass ich queer bin.

Mein Vater ist Muslim und extrem konservativ und religiös. Er ist sehr gebildet und hat zwei Doktortitel von Ivy-League-Universitäten. Er ist ein brillanter, intelligenter und kultivierter Mann. Er hat großes Verständnis für Menschen und lässt sich nicht von der Religion verblenden. Trotzdem würde er nicht verstehen, dass ich schwul bin; er würde es einfach nicht „begreifen". Ich glaube, er würde sagen: „Es ist in Ordnung, solange du dich nicht so verhältst“. Ich habe mir immer gesagt, dass ich es meinem Vater sagen würde, wenn er mich danach fragte, aber das würde er nie tun. Meine Mutter hingegen ist ahnungslos und naiv. Sie ist eine wunderbare, sensible Frau, und es würde ihr das Herz brechen, fände sie es heraus. Sie würde denken, dass sie als Elternteil versagt hat, und das wollte ich ihr niemals antun.

Meine Eltern haben meinen Geschwistern oder mir nie das Gefühl gegeben, dass wir heiraten müssen, aber ich bin jetzt in meinen Vierzigern, und meine älteren Verwandten fragen mich ständig nach der Ehe. Wann werde ich Kinder haben? Warum bin ich Single? Möchte ich keine Frau an meiner Seite? Ich antworte wahrheitsgemäß: Ich bin noch nicht so weit und konzentriere mich auf meine berufliche Laufbahn.

Ich habe eine sehr enge Freundin, die ebenfalls queer und königlicher Abstammung ist. Sie wird sich niemals outen und hat mehrmals vorgeschlagen, dass wir eine arrangierte Ehe eingehen, und ich habe darüber nachgedacht. Wir würden zwar getrennte Leben führen, doch unter demselben Dach. Auf dem Papier ist das ideal, aber auch nicht ganz unproblematisch: Ich müsste vorgeben, meine Frau zu lieben, und damit würde ich mich selbst und meine Familie belügen. Das käme einer Selbstverleugnung gleich, und ich würde mir selbst den Weg verbauen, mich wirklich zu verlieben. Was ist, wenn wir Kinder haben? Sagen wir ihnen dann die Wahrheit? Das könnte sehr kompliziert werden.

Wenn ich es meinen Eltern sagte, dürfte ich nicht mehr nach Kuwait zurückkehren und hätte höchstwahrscheinlich keinen Kontakt mehr zu meiner Familie. Da steht eine Menge auf dem Spiel, und der Verlust wäre enorm. Wer weiß schon, was die Zukunft bringt? Im Moment ist es keine Option, es ihnen zu sagen, aber ich habe mich in der Vergangenheit schon selbst überrascht. Wenn es für denjenigen, mit dem ich zusammen bin, wichtig wäre, würde ich vielleicht alles für meinen Liebsten riskieren.

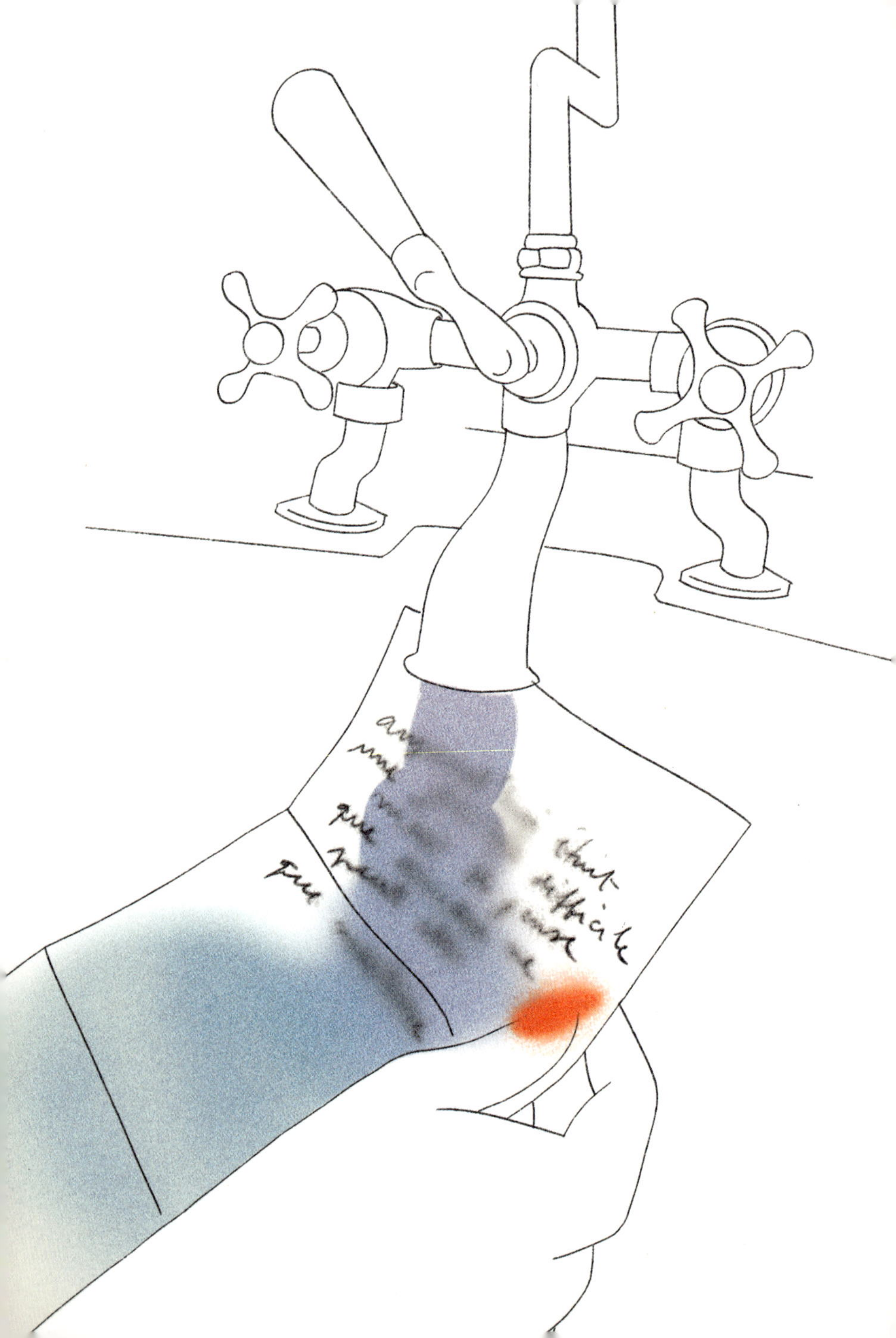
difficile

19, Über Schottland nach Kanada

Die Highland-Tänzerin

Es war eine verworrene Schulzeit, ein ständiger innerer Kampf zwischen dem, was ich war, wer ich sein wollte und wer ich sein musste. Es ging ums Durchhalten und Verdrängen. Mit vierzehn war ich in ein Mädchen verknallt, das Kapitänin des Hockeyteams und Highland-Tänzerin war. Ich war mir nicht sicher, ob ich so sein wollte wie sie oder mit ihr zusammen sein wollte. Jede Nacht vertraute ich meinem Tagebuch etwas über sie an, fragte mich, ob ich sie liebte, schrieb ihr Gedichte, von denen ich wusste, dass ich sie nie jemandem zeigen würde. Ich brachte all meine Gedanken zu Papier, aber dann kritzelte ich wütend alles wieder zu und riss die Seiten heraus, weil ich mich schämte. Ich hielt das Papier sogar unter den Wasserhahn, nur um auf Nummer sicher zu gehen, dass die Tinte ausgewaschen wurde. Dann zerriss ich das nasse Papier, warf es in den Abfalleimer und brachte den Müll raus. Das Ganze habe ich während meiner Teenagerzeit bestimmt hundertmal gemacht.

Da ich aus einer Soldatenfamilie stamme, musste ich oft die Schule wechseln, und oft lebten meine Eltern in einem anderen Land. Schließlich landete ich in einem schrecklichen Mädcheninternat in Schottland. Ich habe jeden Tag dort gehasst und hatte keine Möglichkeit, von da wegzukommen. Und ich wurde stark gemobbt. Es war ein unerbittlicher Schmerz, und ich hatte keinerlei Selbstwertgefühl. Ich gab mir alle Mühe, so zu sein wie die anderen Mädchen und gab vor, auf Jungs zu stehen, obwohl ich sie natürlich alle belog, auch mich selbst. Zu diesem Zeitpunkt hätte ich alles getan, um akzeptiert zu werden. Am Ende meines ersten Jahres hatte ich keine Freundinnen und sprach mit niemandem. Ich konnte den Mobbern nicht aus dem Weg gehen: wachte mit ihnen auf, lernte mit ihnen, aß mit ihnen und ging jeden Tag neben ihnen ins Bett. Es gab keinen Safe Space für mich.

Ich war einsam und doch stets
von Menschen umgeben.

Meine erste Freundin hatte ich mit achtzehn, nachdem ich nach Toronto gezogen war. Ich jobbte in dem Shop für Künstlerbedarf am College, und sie kaufte jedes Mal einen Pinsel, wenn ich arbeitete. Aus heiterem Himmel fügte sie mich auf Facebook hinzu. Wir waren beide im Studiengang Fotografie, aber ich war ihr zwei Jahre voraus. Unsere Beziehung begann, als ich ein Foto kommentierte, das sie aufgenommen und online gestellt hatte. Daraus entwickelte sich ein Gespräch über Filmklassiker, und sie fragte mich, ob ich jemals *Casablanca* gesehen hätte. Als ich verneinte, schlug sie vor, dass wir uns den Film gemeinsam ansehen sollten. Wir waren eine Zeit lang zusammen, aber schließlich hat sie mich betrogen und es darauf geschoben, dass ich nicht bereit war, mich meiner Familie gegenüber zu outen.

Ich habe mich zuerst vor meiner besten Freundin geoutet. Ich lud sie abends zum Essen in ein Restaurant ein und benahm mich die ganze Zeit über seltsam. Schließlich erzählte ich ihr, dass das Mädchen, mit dem ich zusammen war, mehr als nur eine Freundin war. Sie schaute von ihrem Teller auf, sagte lässig „Okay" und aß weiter.

„Moment, ist das alles?"

Sie fuchtelte mit den Händen herum. „Oh, entschuldige bitte. Möchtest du vielleicht eine Medaille? Eine Runde Applaus?"

Ich stand meiner Familie damals nicht besonders nahe und hatte keine Ahnung, was mich erwarten würde, wenn ich es ihnen erzählte. Ich wusste nicht, wie sehr ihr militärischer Hintergrund ihre Reaktion beeinflussen würde. Schließlich erzählte ich es meinen Eltern, nachdem ich sie zum Essen eingeladen hatte, so wie ich es auch bei meiner besten Freundin getan hatte. Es schien zu funktionieren, und ich wollte es darauf ankommen lassen. Meine Mutter saß schweigend da. Mein Vater streckte mir seine Faust entgegen, damit ich freundschaftlich mit meiner dagegen schlagen konnte, und das war's. Seine Reaktion hätte nicht besser sein können. Wir bezahlten die Rechnung, und als wir aus dem Restaurant gingen, blieb meine Mutter in der Tür stehen, nahm mich in die Arme und sagte mir, dass sie mich liebte. Ich weiß noch, dass ich mir alle Mühe gab, nicht zu weinen.

Bitte gebt meinen Leben einen Sinn

Ich bin 23 Jahre alt.
Ich lebe allein.
Ich bin der Erste in meiner Familie, der aufs College geht.
Ich habe meinen Abschluss mit Cum Laude gemacht.
Ich besuchte eine Ivy-League-Universität, die ich selbst bezahlt habe
aus Stipendien, die ich selbst beantragt habe.

Ich bin finanziell unabhängig.
Ich habe einen tollen Job, der sehr gut bezahlt wird für jemanden,
der ein Einwanderer aus einer einkommensschwachen Familie ist.

Ich bin ein Selfmademan.
Ich bin ein guter Mensch und habe ein gutes Herz.
Ich mache niemanden schlecht.
Ich habe noch nie jemandem das Herz gebrochen.

Ich bewerbe mich auf andere Stellen, weil ich Ehrgeiz habe,
und ich möchte meine Karriere vorantreiben.
Ich bin schon um die Welt gereist.
Ich bin ein lustiger Mensch, der sich gerne amüsiert.

Aber trotz alledem
bin ich immer noch nicht genug.
Ich bin immer noch nicht genug für meine Mutter,
weil ich schwul bin.
Ich bin ein Versager für meine ganze Familie
weil ich einen Ohrring trage
und weil ich schwul bin.

Bitte gebt meinen Leben einen Sinn.

Es war Erleichterung und
Schwermut in einem;
das Ende von etwas
Schönem und der Beginn
von etwas Unbekanntem.

26, Deutschland, über die Türkei

Die verbotene Frucht

Ich wurde in der Türkei geboren. Dort ist es inakzeptabel, gay zu sein, es ist etwas, wofür man sich schämen muss. Es gibt viel Homophobie, und viele Schwule leben in Angst. Wenn man gebildet ist und einen guten Job hat, ist ein öffentliches Coming-out nicht gerade von Vorteil. Niemand tut das – es erschwert nur dein Leben, sowohl privat als auch beruflich. Es für sich zu behalten, ist das Vernünftigste.

Bis ich 26 war, habe ich mich als Hetero bezeichnet, von 14 bis 25 war ich nur mit Frauen zusammen. Es war nicht so, dass ich eine Lüge gelebt hätte; ich hatte regelmäßig Sex mit meiner Freundin, und ich habe es genossen. Nichts an unserer Beziehung war falsch, ich liebte sie sehr. Im Hinterkopf hatte ich jedoch schon immer Männer attraktiv gefunden und mich gefragt, ob ich vielleicht bi sei. Aber ich war noch nie mit einem Mann zusammen gewesen, sodass ich annahm, es sei nichts weiter als ein etwas sündiges Geheimnis. Ich tat es als reine Spekulation ab.

Als ich 23 Jahre alt war, beschloss ich, im Ausland zu studieren, und zog nach Deutschland, um meinen Abschluss zu machen. Meine Freundin und ich legten eine Pause ein, denn es war sehr stressig, unsere Zeiteinteilung so zu gestalten, dass wir uns sehen konnten, da wir nun in verschiedenen Ländern lebten. Die Entfernung zwang uns, unsere Beziehung neu zu überdenken. Es dauerte nicht lange, bis ich einen Mann kennenlernte, als ich eines Abends mit Freunden zum Essen ausging. Wir wurden schnell gute Freunde, und nach einiger Zeit erzählte er mir, dass er schwul sei. Ich hatte ehrlich gesagt keine Ahnung. Ich glaube, als ich es erkannte, begann ich unbewusst, ihn in einem anderen Licht zu sehen. Ein paar Nächte, in denen wir beide einen über den Durst getrunken hatten, führten hin und wieder zu Fummeleien, und schon bald wurde daraus eine feste Beziehung, die wir geheim hielten. Offiziell war ich immer noch mit meiner Freundin in der Türkei zusammen.

Jedes Mal, wenn ich mit ihm schlief, waren wir uns einig, dass es das letzte Mal war. Ich fühlte mich schrecklich und total schuldig. Im Hintergrund vernahm ich diesen ständigen Unterton des Verbotenen. Ich wusste, dass das, was ich tat, falsch war, aber ich konnte nicht damit aufhören. Ich hoffte, dass meine Freundin mich besuchen käme, um mich aus meinen Gefühlsverirrungen zu befreien, dass unser Wiedersehen mich aus der Situation, die ich gerade durchmachte, herausholen würde. Aber was ich mit ihm hatte, fühlte sich natürlicher und sinnvoller an als alles, was ich zuvor erlebt hatte.

Nach einigen Monaten kam meine Freundin endlich zu Besuch, aber nichts war mehr wie davor. Meine Gefühle für sie waren verschwunden, und ich konnte sie nicht mehr auf dieselbe Weise ansehen wie früher. Es war, als ob sich etwas in mir verändert hätte. Zu dieser Zeit wohnte ich mit dem Mann zusammen, mit dem ich geschlafen hatte, und meine Freundin wohnte für ein paar Wochen bei uns. Sie war da, um Zeit mit mir zu verbringen, bei Kerzenschein zu Abend zu essen und Ausflüge zu unternehmen, doch danach stand mir nicht der Sinn. Sie erwähnte immer wieder, wie distanziert und seltsam ich war, sodass sie merkte, dass etwas nicht stimmte. So sehr ich mich auch bemühte, ihr etwas vorzugaukeln: Ich konnte es nicht vortäuschen und es wurde unerträglich. Ich kam nach Hause, öffnete die Haustür und stand am Scheideweg: Gehe ich in sein Zimmer auf der rechten Seite oder in mein Zimmer mit ihr auf der linken? Es war eine so verwirrende Zeit und ich fühlte mich beschissen dabei. Ich glaube, ich war untröstlich über den Stand der Dinge. Es fühlte sich nicht gut an, sie so zu behandeln, aber ich verarbeitete auch die Tatsache, dass ich schwul war.

In den Wochen, in denen sie da war, habe ich kaum mit dem armen Kerl gesprochen. Ich weiß, dass es für ihn furchtbar war, mich mit ihr zu sehen. Wenn ich mit meiner Freundin in meinem Zimmer war, hörte ich durch die Wand, wie er Teller zerschlug und Türen knallte. Er wusste nicht, was in meinem Kopf vor sich ging – und ich wusste es selbst nicht, um ehrlich zu sein.

Gegen Ende ihres Besuchs hatte sie für uns eine Reise nach Spanien gebucht, als verzweifelter Versuch, unsere Beziehung doch noch zu retten. Ein paar Stunden nach dem Start des Fliegers begann sie unbeherrscht zu weinen und warf mir vor, sie nicht mehr zu lieben. Auch ich fing an zu heulen und schließlich beendeten wir unsere Beziehung, bevor wir in Madrid landeten. Zu diesem Zeitpunkt wusste ich mit Sicherheit, dass ich schwul war.

Es war Erleichterung und Schwermut in einem; das Ende von etwas Schönem und der Beginn von etwas Unbekanntem.

Sie ist ein unglaublicher Mensch, ehrgeizig, clever und schön. Ich weiß noch, dass ich dachte: Wenn ich nicht mit ihr zusammen sein will, wird es keine andere Frau geben. Als wir am Flughafen ankamen, ging ich auf die Toilette und schickte dem Mann eine Nachricht. Ich ließ ihn wissen, dass meine Beziehung vorbei und ich bereit sei, es ernsthaft mit ihm zu versuchen, dass ich es schaffen wolle und es kaum erwarten könne, ihn zu sehen. Er hat nicht geantwortet.

Meine Ex und ich verbrachten eine Woche in Spanien, wir weinten und lachten. Es fühlte sich an wie unser letzter Abschied. Wir wussten, dass unsere Uhr abgelaufen war. Bis heute weiß sie nicht, was in dieser Zeit wirklich passiert ist. Wir sind gute Freunde geblieben und ich liebe sie. Ich möchte ihr keinen unnötigen Schmerz bereiten; manche Dinge bleiben besser ungesagt.

Ich hatte sechs Jahre lang eine Beziehung mit diesem Mann, aber irgendwann haben wir uns auseinandergelebt. Wir fuhren zusammen in den Urlaub, und er kam mit mir in die Türkei, um meine Familie zu besuchen und bei uns zu bleiben, aber immer nur als mein „Freund". Als wir uns trennten, kam meine Mutter mich besuchen. Sie sah, dass ich untröstlich war. Schließlich erzählte ich ihr alles. Damals nahm sie es noch gut auf, aber als sie in die Türkei zurückkehrte, machte sie sich Sorgen darüber, was Freunde und Familie denken würden. Wir telefonierten und sie fragte: „Meinst du, du könntest wieder hetero werden? Das wäre besser für uns." Der dahinter steckende Gedanke ging in die falsche Richtung und war beleidigend, nach dem Motto: Klar, kein Problem, ich lege einfach einen Schalter für dich um. Alles nur, um dein Leben einfacher zu machen.

Nachdem mir klar wurde, dass ich schwul bin, habe ich mich vor Freunden geoutet, aber nicht vor Arbeitskollegen. Ich zog nach Frankfurt und wurde Investmentbanker. Das ist nicht gerade die toleranteste Branche: Frauen haben es schwer, Minderheiten haben keinen leichten Stand, und für Menschen mit unterschiedlichem Bildungshintergrund ist es auch nicht einfach. Wenn du nicht weiß bist und nicht zur Oberschicht gehörst, bist du in gesellschaftlichen Kreisen ein Außenseiter. Ob dein Akzent oder dein Geburtsort – jeder versucht, seine Unterschiede zu kaschieren. Wenn man mich fragte, was ich am vergangenen Wochenende gemacht habe und ich mit meinem Freund im Urlaub war, habe ich gelogen. Es war besser, dass sie nichts über mein wahres Leben oder meine Interessen wussten.

Als ich diesen Job aufgab und in eine andere Branche wechselte, in der die Menschen wesentlich offener waren, schwor ich mir, am ersten Tag in meinem neuen Job zu offenbaren, dass ich schwul bin, und genau das habe ich getan. Seitdem ist alles viel einfacher geworden. Sich zu verstellen, um anderen Menschen zu gefallen, ist keine Art, sein Leben zu leben.

19, London, England

Pizza um Mitternacht

Als ich mich mit neunzehn Jahren vor meinem Vater geoutet habe, war ich bei dem Gedanken, wie er reagieren würde, in Tränen aufgelöst und hatte Angst, dass er mich nicht unterstützen würde. Ich erzählte es ihm eines Abends, als wir eine übrig gebliebene Pizza aßen. Es muss gegen Mitternacht gewesen sein. Im Haus war es ruhig, alle schliefen. Wir waren nur zu zweit.

Dad steckte gerade neugierig seinen Kopf in den Kühlschrank. Er drehte sich um, lächelte etwas verblüfft und fragte: „Was regst du dich darüber so auf?" Ich war absolut überrascht von seiner Reaktion. Seine Verwirrung resultierte eher daraus, dass ich weinte, als darüber, was ich ihm erzählt hatte. Er war so ein toleranter, herzensguter Mensch. Ich weiß nicht, warum ich seine bedingungslose Liebe zu mir angezweifelt habe. Er küsste mich auf die Stirn, schenkte uns beiden einen Drink ein, und wir saßen lachend am Küchentisch. Wir nippten am Whiskey und redeten bis in die frühen Morgenstunden über das Leben und die Liebe.

Mein Vater ist vor ein paar Monaten unerwartet verstorben. Es war ein Unfall zu Hause, und ich war zu der Zeit außer Landes. Er war mein Lieblingsmensch. Ich werde immer gerne an unseren gemeinsamen Abend zurückdenken, nur wir beide beim Essen einer kalten Pizza. Das ist eine meiner kostbarsten Erinnerungen.

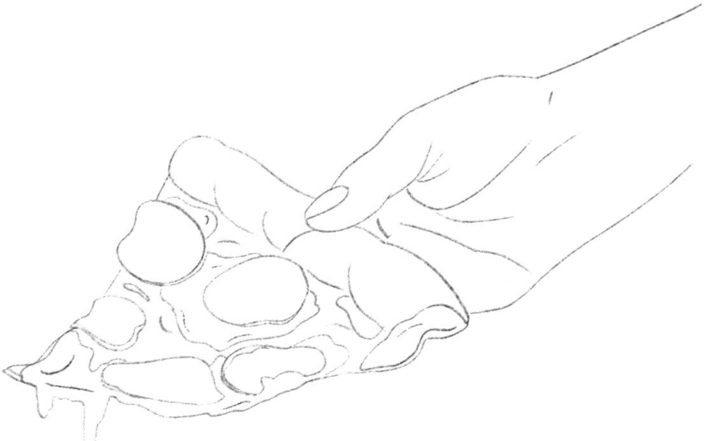

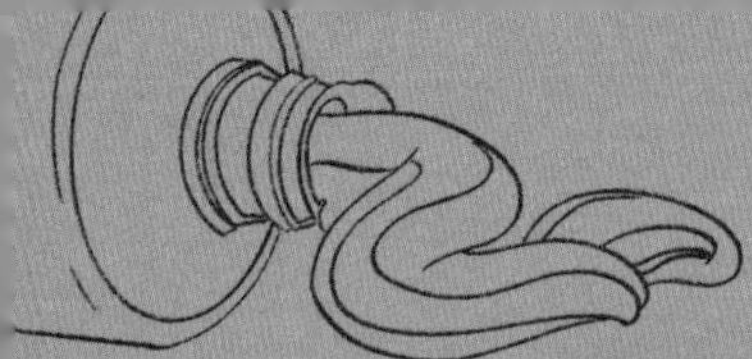

ZAHNPASTA

Ich habe mich meiner Mutter gegenüber geoutet, als ich 21 war und gerade dabei war, mir die Zähne zu putzen. Es war nicht geplant. Es gibt nie den perfekten Zeitpunkt, um es den Eltern zu sagen, aber vielleicht hätte ich einen besseren wählen können als einen Mittwochabend um acht. Es verlief ungefähr so:

Ich (beim Zähneputzen):
Ich glaube nicht, dass ich heiraten will.

Sie (mitten beim Abschminken):
Das kann ich dir nicht verdenken.

Ich: Ich meine, einen Mann.

Sie: Ich mache dir keinen Vorwurf.

Ich: Ich meine, wenn ich mal
heirate, dann eine Frau.

Sie: Manchmal wünschte ich, ich würde
mich zu Frauen hingezogen fühlen.

Offensichtlich hat sie einen Scherz gemacht. Mein Versuch war zu subtil. Ich versuchte es dann etwas direkter und beobachtete, wie sich die Rädchen in ihrem Gehirn drehten. Sie sprach jeden Gedanken aus, der ihr durch den Kopf schoss.

Zu ihren ersten Reaktionen gehörte die Feststellung, dass ich nie vor den Traualtar treten würde (was ich schnell richtigstellte) oder sie nie einen Schwiegersohn haben würde (ich argumentierte, eine weitere Tochter sei das bessere Szenario). Ob das bedeute, fragte sie, dass ich mir alle Haare abschneiden ließe und ob ich mich für immer „so" fühlen würde. Meine Antwort? „Sag niemals nie, aber es ist sehr wahrscheinlich."

An diesem Abend fühlte ich mich wie von einer Last befreit, die von meinen Schultern fiel. Zum ersten Mal seit Monaten habe ich wieder durchgeschlafen.

17, Northampton, England

Zwei Jahre und sieben Monate

Ich wuchs in Mittelengland auf, wo nicht viel los war, als Tochter zweier ägyptischer Einwanderer; sie sind gläubige Muslime. Geboren mit weiblichem Geschlecht, wurde ich als muslimisches Mädchen erzogen. Zwischen dem achten und elften Lebensjahr begann ich, einen Hidschab zu tragen. Mit zehn Jahren stellte ich meinen Glauben infrage, was stets auf Ablehnung stieß. Meine Mutter drohte mir mit der Hölle, in die ich kommen würde. Und wenn es nicht die Hölle war, dann halt der Rauswurf aus unserem Haus oder verstoßen zu werden. Mit elf Jahren konnte ich bereits behaupten, dass ich Atheistin war. Gleichzeitig begann ich, mein Geschlecht anzuzweifeln, und mit vierzehn wurde mir klar, dass ich ein Transmann war.

Als Teenager wollte ich nicht in den Spiegel schauen. Ich verspürte Abscheu vor mir selbst, und zugleich hatte ich das Gefühl, als gäbe es mich gar nicht. Ich existierte einfach nicht, bis ich mit meiner Transition begann; davor war ich nur in eine Rolle geschlüpft. Ich habe mich verstellt.

Jeden Tag hatte ich Selbstmordgedanken. Das Wissen, mich körperlich umwandeln zu können, gab mir die Hoffnung, weiterzumachen, ein Ziel, auf das ich für meine Zukunft hinarbeiten konnte.

Ich war ein Kind des Internets, konnte überall herumschauen und nach allem suchen, was ich wollte. Das war zum einen gut, zum anderen schrecklich. Etwas Gutes war, dass es mir gelang, mich über alle gesellschaftlichen Aspekte zu informieren, die vor mir verborgen blieben, sei es durch die Schule oder durch meine strengen, traditionsbewussten Eltern. Das erste Mal, dass ich auf eine Transperson stieß, war, als ich durch Tumblr scrollte; es war eines dieser Vorher-Nachher-Selfies vor und nach der Testosteronverabreichung. Als ich erfuhr, dass eine medizinische Umwandlung möglich war und ich so aussehen, mich fühlen und anhören konnte wie das männliche Geschlecht, als das ich gerne geboren worden wäre, wusste ich, dass es notwendig war. Nichts sollte mir im Weg stehen.

In meiner Stadt gab es einen LGBTQIA+-Club für Teenager, einen Ort zum Abhängen und Spielen. Ich ging viermal pro Woche dorthin und traf dort andere Transmenschen. Zum ersten Mal wurde mir klar, dass ich nicht allein war. Ich lernte dort einen Transmann kennen, der regelmäßig Testosteron nahm, und wenn ich mich mit ihm unterhielt, wurde ich dermaßen neidisch, dass mir klar war, wonach ich mich so sehr sehnte. Ich besuchte weiterhin diesen Club, bis ich zur Uni ging. Zu dieser Zeit hatte ich bereits mit den Vorbereitungen für meine körperliche Umwandlung begonnen. Natürlich hielt ich das vor meinen Eltern geheim.

Hinter ihrem Rücken hatte ich mich an eine Klinik für Geschlechtsumwandlung gewandt. Man sagte mir, die Wartezeit für einen Arzttermin betrage über ein Jahr. Letztlich wurden daraus zwei Jahre und sieben Monate. In Großbritannien gibt es nur sieben dieser Kliniken, die jeweils eine Mindestwartezeit von zwei Jahren für einen Ersttermin haben. Ganz zu schweigen von der Tatsache, dass sie einen Puffer von zwei Monaten zwischen den Beratungen benötigen. Es gibt nicht genug Personal, die Kliniken sind nicht jeden Tag geöffnet, und die Warteliste wird jedes Jahr länger, ohne dass sich an der Leistung selbst etwas ändert.

Die Überweisungszahlen vervierfachen sich jedes Jahr.

In diesen zwei Jahren änderte ich meinen Namen per Erklärung und begann, mit männlichem Geschlecht zu studieren. Ich ging ganz gut als vorpubertärer Junge durch.

Ich hatte Zugang zu einem Bankkonto, das mein Vater eingerichtet hatte, als ich noch klein war. Er hatte mir die Kreditkarte gegeben, und ich hatte das Geld für einen Notfall gespart. Als ich mit dem Studium anfing, dämmerte es mir, dass dies der größte Notfall war, der mir je passieren konnte. Es war für mich unvorstellbar, wie ich weiterhin gesellschaftsfähig sein oder studieren oder leben wollte, wenn ich in meinem Körper gefangen blieb und das Gefühl hatte, in der falschen Haut zu stecken. Also habe ich einen Teil des Geldes für die Einnahme von Testosteron verwendet. Auch davon habe ich meinen Eltern nichts gesagt. Ich wollte erst die Veränderungen vornehmen, bevor ich ihnen davon erzählte. Sie sollten nicht denken, meine Entscheidung sei reversibel.

Nach sechs Monaten traf ich mich mit meinem Vater auf einen Kaffee. Meine Stimme war tiefer, meine Kieferpartie breiter geworden und ich kaschierte meinen Bartwuchs nicht. Als er mich zum ersten Mal sah und mich sprechen hörte, war er fassungslos und fragte: „Was ist passiert?“ Ich erklärte: „Ich nehme Testosteron und bin jetzt viel glücklicher.“ Er war sehr verärgert, verständlicherweise. Er wollte mich nicht verstoßen, aber er hatte auch keine Lust, darüber zu reden. Wir verbrachten den Tag auf ganz normale Weise, als wäre nichts geschehen.

Als Dad nach Hause kam, erzählte er es meiner Mum. Sie rief mich an und sagte, ich sei „vom Teufel besessen“. Das ist jetzt über drei Jahre her, seitdem haben wir nicht mehr miteinander gesprochen. Ab und zu erhalte ich eine SMS von ihr mit einem Video, basierend auf der Lehre des Korans und wie man im Islam über Homosexualität denkt, um mich davon zu überzeugen, ich würde in Sünde leben. Ich reagiere nicht darauf. Ich bin immer noch derselbe Mensch – freundlich, höflich und rücksichtsvoll, nicht irgendein Spinner. Das habe ich nicht verdient.

Wenn meine Mutter ein offenes und ehrliches Gespräch darüber führen oder auch nur mit mir befreundet sein möchte, steht ihr die Tür offen. Zugleich werde ich mich nicht von jemandem herabsetzen lassen, der nicht weiß, wovon er spricht. Ich mache nichts falsch.

> Ich habe die meiste Zeit meines Lebens gelitten und folge nun endlich meinem Glück, wie wir es alle tun sollten.

Ich verlange keine Vergebung. Ich habe nun meinen Frieden gefunden. Die Geschlechtsumwandlung hat mich gerettet. Es ist toll, in den Spiegel schauen zu können und all das, was ich einst gehasst habe, jetzt zu bewundern. Nenne mich einen Narzissten, aber nachdem ich jahrelang nicht mein Spiegelbild sehen konnte, bin ich letzten Endes stolz darauf, dass mir gefällt, wie ich aussehe.

Ich werde mein Leben
leben, wie ich will
und mit wem ich will.
Dann werde ich frei sein.

22, Utah, USA

Nicht Teil von Gottes Plan

Ich wurde in Idaho Falls geboren und wuchs als Heiliger der Letzten Tage auf, als Angehöriger der Mormonenkirche. Meine Eltern sind beide Mormonen, ebenso wie meine Großeltern und Urgroßeltern. Ich wuchs mit dem Wissen auf, dass Homosexuelle in die Hölle kommen.

Das Hauptziel des Mormonentums ist es, für immer im Himmel mit Jesus Christus und unserem Gottvater zu leben. Um in den Himmel zu kommen, muss man in einen mormonischen Tempel gehen und dort heilige Handlungen vollziehen. Als Mann wirst du „mit einer Frau versiegelt", das bedeutet, du wirst ewig mit ihr zusammen sein. Wir trinken weder Kaffee noch Alkohol. Wir haben spezielle Kleidung, die sogenannten „Tempelgewänder", um in die Kirche zu gehen, und wir tragen mormonische Unterwäsche. Ich kann mit Sicherheit behaupten, dass ich alles andere als konventionell erzogen wurde.

Mit siebzehn verliebte ich mich zum ersten Mal in einen Mann und ertappte mich dabei, wie ich verzweifelt googelte: „Bin ich schwul?" Ich sah mir Youtube-Videos dazu an und füllte online Fragebögen aus. Wenn ein Mormonenjunge achtzehn Jahre alt wird, wird ihm eine Mission zugeteilt, die darin besteht, die mormonische Wahrheit zu verbreiten. Bevor ich zu meiner Mission aufbrach, fragte mich meine Mutter mehrmals, ob ich schwul sei, doch ich leugnete es vehement und überzeugte sie vom Gegenteil.

Ich wurde für den Dienst in Peru eingeteilt. Dort habe ich das Evangelium auf Spanisch gepredigt, aber das, was ich dort predigte, habe ich nicht in die Praxis umgesetzt. Wann immer ich über Gott oder das Buch Mormon oder die ewigen Familien und das Gesetz der Keuschheit sprach, glaubte ich meinen eigenen Worten nicht. Mir war bewusst, wie heuchlerisch das Ganze war, und ich kam mir vor wie ein Betrüger. Ich verknallte mich in männliche Missionare, trank Kaffee und Alkohol und sah mir Pornos an; ich lebte mit so vielen Schuldgefühlen und fühlte mich absolut beschissen.

Nach zwei Jahren kehrte ich nach Utah zurück, als die Pandemie ausbrach.

Ich hatte aufgehört, meine besondere Kleidung zu tragen, weil ich mich darin schrecklich fühlte. Und eine Distanz zwischen mir und meinen Eltern war nicht mehr zu verleugnen. Meine Mutter war besorgt. Sie merkte, dass mich etwas bedrückte und fragte mich, ob ich reden wolle. Eines Abends setzten wir uns zusammen und ich erzählte meinen Eltern, dass ich nicht länger Teil der Kirche sein wollte, weil ich schwul war. Meine Mutter sagte, sie hätte es schon lange gewusst. Während ich in Peru war, war sie Facebook-Gruppen wie „Mormon Moms with Gay Sons" beigetreten. Sie hatte viel recherchiert und ihr Bestes getan, um sich damit abzufinden, während ich außer Landes war. Es brauchte ganze zwei Jahre, so sagte sie, um es zu akzeptieren. Meinem Vater machte es nichts aus, aber er braucht ein bisschen länger, um sich daran zu gewöhnen. Dad kandidiert für die Republikanische Partei und war früher strikt gegen die Homo-Ehe. Jetzt befürwortet er sie und legt Wert darauf, den Politikern zu sagen, dass er einen schwulen Sohn hat.

Ich studiere derzeit an einer Mormonen-Universität, um Arzt zu werden; allerdings ist es an der Uni verboten, gay zu sein und eine Beziehung zu haben. Die Regel lautet: „Du kannst zwar schwul sein, aber du darfst es nicht ausleben." Trotzdem habe ich mich im Januar 2022 in einem Instagram-Post öffentlich geoutet. Ich konnte es nicht mehr verbergen.

Es fühlte sich allmählich wie
eine Krankheit an, die in mir wuchs,
als trüge ich Gift mit mir herum.

Noch länger, und es hätte mich krank gemacht. Ich hatte genug von diesem Versteckspiel.

Den Post zu veröffentlichen war ein großes Risiko. Wenn jemand es wirklich wollte, könnte er es melden und dafür sorgen, dass ich von der Universität fliege, obwohl ich nur noch ein Jahr vor mir habe. Aber ich bereue es nicht. Ich möchte Menschen helfen, die in der Utah-Community und in der Mormonenkirche Probleme haben. Ich werde mein Leben so leben, wie ich will und mit wem ich will. Dann werde ich frei sein.

18, Elstree, England

Kein Platz für Schwule in der Stadt

Mein Vater ist Jude, koscher und hält sich recht streng an die Regeln. Seine Mutter und er waren sehr eng miteinander, aber er hatte keine guten männlichen Vorbilder. Er verließ die Schule mit sechzehn und stieg direkt ins Berufsleben ein. Meine Mutter hatte eine relativ traumatische Kindheit. Sie hatte nicht die liebevollsten Eltern, sie waren sehr streng, und sie hegt immer noch eine große Abneigung gegen sie. Ich sehe, wie ihre Kindheit mein Leben beeinflusst hat. Bei uns zu Hause sagte niemand „Ich liebe dich". Wir haben uns nicht umarmt oder uns zum Abschied geküsst.

Mit dreizehn fing ich an, mit einem Jungen eine „Beziehungskiste" zu haben. Wir beide wollten es nur mal ausprobieren und schworen uns gegenseitig, dass es nur zum Spaß war und nichts bedeutete. Wir waren Heteros und würden es nie jemandem erzählen. Es war unser Geheimnis. Mit vierzehn wusste ich, dass ich schwul war und begann, es anderen zu erzählen. Die Reihenfolge, in der ich es den Leuten erzählte, hatte etwas von einer Strategie: zuerst Bekannte, dann meine engsten Freunde. Vielleicht lag es daran, dass diese Freunde die Menschen waren, vor denen ich am meisten Angst hatte, es ihnen zu sagen. Ein Freund ermutigte mich, es meinen Eltern zu gestehen, indem er die typischen Dinge sagte wie „Sie werden dich trotzdem lieben, du musst dir keine Sorgen machen, es wird schon gut gehen". Ich sagte ihm jedes Mal, dass er sich irrte, denn ich wusste, es würde schrecklich werden.

An meinem ersten Tag an der Uni beschloss ich, meinen Eltern zu sagen, dass ich schwul bin. Sie kamen zu meinem Wohnheim, um mir beim Auspacken zu helfen, und als ich wusste, dass sie wieder in London angekommen waren, schrieb ich die SMS. Ich drückte auf Senden und fiel auf dem Boden meines neuen Zimmers in Ohnmacht. Das war der Tag, an dem sich mein Leben ändern sollte.

Die Hölle brach los. Meine Mutter rief mich an und weinte, sagte mir, dass sie es nicht glauben wolle und fragte, warum ich es ihr nicht früher gesagt hätte und ob es nur eine Phase sei. Ob ich es nicht doch für mich behalten könne, weil sie sich zu sehr schämte, es jemandem zu sagen; sie wollte nicht, dass ihre Freunde Wind davon bekamen. Als jüdische Gemeinde im Nordwesten Londons pflegen wir einen sehr engen Zusammenhalt; jeder kennt die Angelegenheiten des anderen.

Mein Vater trieb es auf die Spitze und sagte, es gebe „keinen Platz für Schwule in der Stadt“ und dass ich nie Freunde haben, nie einen Job bekommen werde. Und dass ich mir einen Therapeuten suchen solle; es sei eine große Schande, weil die Leute mich hassen würden. Seit dem Tod seines Vaters habe er nicht mehr so geweint und erzählte mir, er habe mit einem angesehenen Arzt gesprochen, der bestätigte, dass meine Sexualität „definitiv eine Entscheidung für eine bestimmte Lebensweise“ sei. Das war übrigens 2009.

In den nächsten Monaten sprach ich nicht mit meinen Eltern. In dreizehn Jahren haben sie mich zweimal gefragt, ob ich mit jemandem zusammen sei, und stets habe ich es verneint. Ich habe immer auf eine Entschuldigung gehofft, aber ich weiß, dass sie nie kommen wird; sie haben vermutlich vergessen, wie sie sich verhalten haben. Ich versuche mich daran zu erinnern, dass dies ihre Probleme sind, nicht meine. Alle meine Cousins und Cousinen haben Partner, und zu den Freitagsessen komme ich immer allein.

Gäbe es eine Pille, mit der ich morgen ohne Probleme aufwachen könnte, würde ich sie ohne zu zögern schlucken. Als ich das meinem Therapeuten erzählte, flippte er aus, aber ich denke, das ist ein sinnvoller, logischer Wunsch.

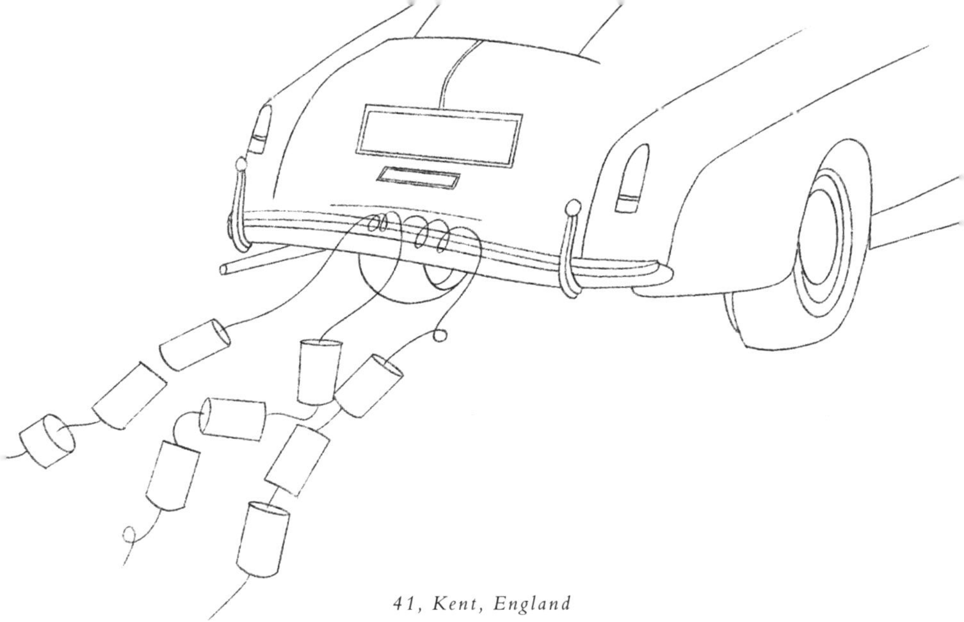

41, Kent, England

Hetero, aber nicht hundertprozentig

Ich bin immer mit Männern ausgegangen, weil ich aus einer Kleinstadt komme und das gang und gäbe ist. Mit meinem ersten Freund war ich zehn Jahre lang zusammen und er war bisexuell; tatsächlich war es so und nicht anders, als wir ein Paar wurden.

Mit etwa zwanzig hatte ich eine Beziehung mit meiner besten Freundin. Damals dachte ich: „Ich stehe wirklich auf Frauen." Für kurze Zeit ging ich mit einem Mädel aus, aber wir beendeten unsere Geschichte recht schnell. Das lag zum Teil daran, dass ich Angst hatte, zusammen die Straße entlangzugehen; wir wurden oft von Fremden beschimpft. Als wir uns trennten, beschloss ich, ein Jahr lang auf Reisen zu gehen. Das ist jetzt zwanzig Jahre her.

Als ich in Australien lebte, outete sich meine jüngere Schwester als lesbisch. In einer E-Mail schrieb sie mir, dass sie ein Mädchen kennengelernt hatte. Ich schäme mich, es zu sagen, aber ich habe ihr geantwortet, das sei „nur eine Phase". Sie ist nicht die geselligste Person, eher recht schwierig; ich war völlig entsetzt. Wenn überhaupt glaubte ich, sie könnte asexuell sein – dann wäre die Überraschung nicht so groß gewesen.

Als ich auf Reisen war, hat sie sich vor der ganzen Familie geoutet, und alle haben es toll aufgenommen. Alle haben es anstandslos akzeptiert: meine Oma, mein Opa, niemand hatte ein Problem damit. Ich hatte das Gefühl, dass ich mich damals nicht outen konnte, weil jeder denken würde, ich würde in die gleiche Kerbe hauen.

Nach einem Jahr auf Reisen kam ich nach Hause und war total schockiert, dass ich im fünften Monat schwanger war. Den Vater meines Sohnes hatte ich in Melbourne kennengelernt, und wir setzten unsere Beziehung ein weiteres Jahr fort. In dieser Zeit wurde mir klar, dass ich ihn weder besonders mochte noch mich zu ihm hingezogen fühlte. Es war wirklich nicht mehr als eine flüchtige Urlaubsromanze, aber da wir ein gemeinsames Baby erwarteten, versuchten wir unser Bestes, damit es irgendwie funktionierte.

Als wir uns trennten, wurde mein Sohn gerade ein Jahr alt. Zu dieser Zeit lernte ich einen anderen Mann kennen und wir waren drei Jahre lang zusammen. Nach zwei Jahren machte er mir mit betrunkenem Kopf einen Heiratsantrag und ich nahm ebenso betrunken an. Da war ich 35 und gerade an die Uni zurückgekehrt. An meinem ersten Tag lernte ich ein Mädchen aus meinem Kurs kennen und verliebte mich sofort in sie. Schon in den ersten zwanzig Sekunden nach der Begegnung mit ihr spürte ich etwas, so schnell ging es. Es war wie ein Vorschlaghammer auf mein Herz. Ich kann es nicht wirklich erklären; es war, als wäre ich noch einmal ein Teenager. Ich nahm es als Bestätigung dafür, dass ich bi war. Bis zu diesem Zeitpunkt hatte ich, wenn man mich fragte, gesagt, ich sei „hetero, aber nicht hundertprozentig".

Ich beendete die Beziehung mit meinem Verlobten und war schließlich drei Jahre lang mit diesem Mädchen zusammen. Eines Tages, nachdem wir etwa einen Monat zusammen gewesen waren, sprach ich mit meiner Mutter, als sie im Wohnzimmer bügelte.

„Mum, kannst du heute Abend babysitten?"

„Sicher. Wohin gehst du?"

„Ich möchte, dass meine Freunde meine Freundin kennenlernen."

Sie sagte „Wie bitte?!", und ich erklärte es kurz. Aber das war's dann auch schon.

Meine Oma erfuhr es bei der Beerdigung meines Großvaters. Drei Autos waren dort, in einem davon saßen mein Cousin, mein schwuler Onkel mit meiner lesbischen Nichte sowie meine Schwester mit ihrer Frau und mir.

„Oh! Ich sitze im Regenbogenauto! Ich bin der einzige Hetero!", scherzte mein Cousin. Mein Onkel wiederholte es gegenüber meiner Oma. Sie war am Boden zerstört. Anscheinend sagte sie Dinge wie, dass ich in Panik sei, da ich „noch nicht den richtigen Mann gefunden" und „eine Midlife-Crisis" hätte. Das war vor ein paar Jahren, und ich habe seitdem nicht mehr mit ihr darüber gesprochen. Ich finde einfach nicht die passenden Worte oder die richtige Gelegenheit dafür. Auch wenn sie kein Problem damit hat, dass meine Schwester lesbisch ist, habe ich das Gefühl, dass sie mir nicht glauben würde. Soweit sie weiß, war ich nur mit Männern zusammen, und ich habe meinen Sohn, der jetzt zehn Jahre alt ist. Sie würde gewiss glauben, und dessen bin ich mir sicher, dass ich aus purer Verzweiflung „das Ufer gewechselt habe". Sie macht sich bestimmt Sorgen über die weitere Entwicklung meines Sohnes, wie die Gesellschaft ihn behandeln wird und was andere Leute sagen oder denken werden.

25, Irland

Jede wache Minute

Ich wurde in Irland auf einem Milchbauernhof geboren und lebte dort mit meinen sechs Geschwistern und meiner Mutter; unser Vater starb, als wir noch klein waren. Wir waren drei Jungen und drei Mädchen, ich war der Jüngste. Die Mädchen und ich waren immer zusammen. Die anderen Jungs waren draußen und spielten auf den Feldern, während wir uns verkleideten, Blumen ins Haar steckten, nähten, kochten und backten. Oft tänzelte ich in den Stöckelschuhen meiner Mutter herum, während ich die Hausarbeit erledigte.

In meinen frühen Zwanzigern hatte ich einen Job in einer Hütte mitten in der Walachei; es gab nur einen Bus, den ich nehmen konnte, und der kam alle zwei Stunden. Eines Tages hatte ich den Bus um wenige Minuten verpasst und musste per Anhalter fahren. Ein großer, stämmiger Mann stoppte mit seinem Wagen und bot mir an, mich mitzunehmen. Er war Armeeoffizier. Nach zwanzig Minuten ging das Gespräch plötzlich Richtung Sex. Er hielt an und zwang mich, ihn zu berühren, ansonsten würde er mich verprügeln und in einem Graben liegen lassen. Wir waren in einer abgelegenen Gegend, und er war wesentlich größer als ich, sodass ich zu viel Angst hatte, nein zu sagen. Später setzte er mich an einer stillgelegten Tankstelle ab und ich musste den Rest des Weges zur Arbeit zu Fuß gehen, wobei mir die Tränen in die Augen stiegen. Das war 1975.

Mitte der Neunziger hatte ich das Gefühl, meiner Familie sagen zu müssen, dass ich schwul bin. Es sollte keine Geheimnisse zwischen uns geben. Meine Tante war eine Nonne und lebte in einem Kloster. Als ich es ihr sagte, begann sie zu weinen und meinte, sie werde für mich beten. Bald darauf erzählte sie es auch meinen Geschwistern. Die Tatsache, dass ich es meiner Mutter nicht gesagt hatte, nagte viele Jahre lang an mir. Gegen Ende ihres Lebens kämpfte sie gegen den Krebs, und ich beschloss schließlich, es ihr zu sagen. Es war in der Woche vor ihrem Tod. Ich saß an ihrem Krankenhausbett, sie konnte nicht mehr sprechen. Es war schwierig, denn ich habe nie eine Antwort bekommen, sodass ich nie erfahren werde, wie sie darüber dachte. Ich weiß nicht, ob das gut oder schlecht ist, aber ich war erleichtert, dass ich es ihr gesagt hatte.

Einige Jahre später lernte ich einen Mann aus Portugal kennen. Er war das Licht in meinem Leben: lustig, extravagant und couragiert. Er versprühte Charisma. Wir waren seit fünf Jahren zusammen, als er im Jahr 2016 wie immer seinen Morgenspaziergang machte. Er ging gegen acht Uhr morgens los, schnappte sich eine Zeitung und machte einen Spaziergang in unserem örtlichen Park. Normalerweise war er etwa eine Stunde lang weg, und so begann ich mir Sorgen zu machen, als es auf die Mittagszeit zuging und er nicht auf meine Anrufe reagiert hatte. In diesem Moment klopfte es an der Tür. Mein Herz blieb fast stehen, als ich zwei Polizisten dort stehen sah. Ich wusste sofort, dass es eine schlechte Nachricht war.

Seine Leiche war hinter einem Baum im Park gefunden worden. Er war Opfer eines homophoben Angriffs geworden, mehrmals wurde ihm mit einem Hammer auf den Kopf geschlagen. Eine Woche später wurde ein 25-jähriger Mann verhaftet. Es wird vermutet, dass mein Partner angegriffen wurde, als er gerade seinen Spaziergang am Eingang des Parks begann.

Ich werde den Schmerz nie in Worte fassen können, den ich an diesem Tag empfunden habe, und das Leid, das ich seitdem jede wache Minute spüre. Es ist sehr schwierig, sich eine Zukunft ohne ihn vorzustellen und auch nur einen Funken Hoffnung zu finden. Das Wissen, wie er diese Welt verlassen hat und der Schmerz, den er erleiden musste, macht mich jeden Tag mehr und mehr fertig. Ich erinnere mich nicht mehr an die letzten Worte, die ich zu ihm gesagt habe. Ich erinnere mich nicht mehr an unseren letzten Kuss. Ich weiß nicht mehr, ob ich ihm an diesem Morgen gesagt habe, dass ich ihn liebe.

Das Trauma, die Trauer und die Depression lasten auf mir wie tonnenschwere Steine. Ich gehe zur Psychotherapie, Physiotherapie und Beratung. Ich spreche mit Ärzten, Hellsehern und Medien. Ich erhalte Trauerhilfe für Ehegatten von Mordopfern. Ich esse kaum und es fällt mir schwer, den Tag nicht im Alkohol zu ertränken. Und warum? Ein Fremder mochte das Aussehen meines Partners nicht. Er hat ihm sein Leben und seine Zukunft genommen, und meine ist mit ihm verschwunden.

Arzthelferin:
Verhüten Sie?

Ich: Nein.

Arzthelferin: Leben Sie
in einer Beziehung?

Ich: Ja.

Arzthelferin:
Haben Sie Sex?

Ich: ... Ja.

Arzthelferin: Versuchen Sie,
ein Kind zu bekommen?

Ich: Nein.

Arzthelferin:
Darf ich fragen, warum
Sie dann nicht verhüten?

Ich war absolut euphorisch, gleichzeitig aber auch sehr beschämt.

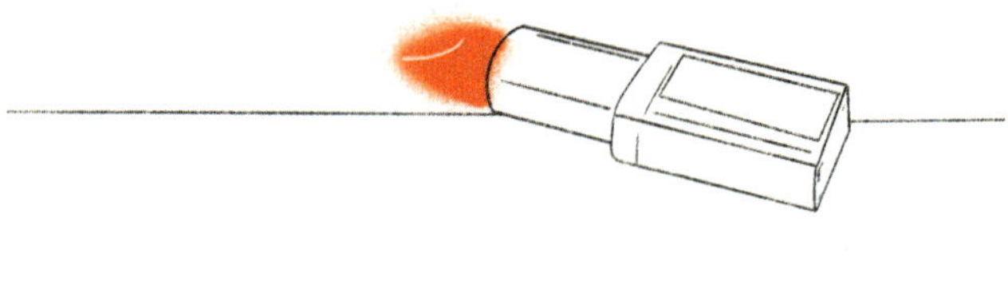

29, Illinois, USA

Roter Lippenstift

Ich bin eine koreanisch-amerikanische Transfrau. Meine Eltern sind äußerst religiös und konservativ. Mein Vater, ein renommierter Pastor, reist regelmäßig durch die Welt, um vor Tausenden von Menschen zu predigen. Als ich jünger war, war er so berühmt, dass ich auf der Straße von Fremden angesprochen wurde, nur weil ich sein Kind war. Dabei spielte es keine Rolle, in welcher Stadt ich war.

In meinen frühen Zwanzigern zog ich aus dem Elternhaus aus und in meine eigene Wohnung. Zu dieser Zeit begann ich, meine Geschlechtsidentität zu erforschen. Ich erinnere mich noch ganz genau an mein erstes Erlebnis: Ich hatte einen roten Lippenstift gestohlen, weil ich zu viel Angst hatte, dass er auf meiner Kreditkartenabrechnung auftauchen würde. Ich eilte nach Hause, trug ihn in meinem Bad auf und weinte vor dem Spiegel. Es war das erste Mal, dass ich mich in meinem Geschlecht bestätigt sah.

Ich war absolut euphorisch, gleichzeitig aber auch sehr beschämt.

Ich experimentierte einige Zeit lang heimlich weiter, hatte mir aber versprochen, damit aufzuhören, auch wenn es mich glücklich machte. Ich dachte, es sei vielleicht eine Marotte oder ein Fetisch, etwas, wofür man sich schämen müsste. Ein paar Jahre später bekam ich deswegen starke Depressionen und hätte mir beinahe das Leben genommen. Am nächsten Tag rief ich meine Mutter an, um ihr zu sagen, ich benötigte Hilfe. Ich erklärte ihr, dass es mir nicht gut ging und dass ich glaubte, ich könnte gay sein, was ich zu diesem Zeitpunkt weder verstand noch wusste.

Als ich fragte, ob ich eine Therapie machen könnte, sagte meine Mutter: „Kannst du sechs Monate warten? Wir wollen nicht, dass du mit jemandem in der Stadt sprichst. Das würde in der Kirche nicht gut aussehen." Später erfuhr ich, dass sie vorhatte, mich zu einer Konversionstherapie in einer anderen Stadt zu schicken. Ich bin nie hingegangen.

Bald darauf lernte ich meine heutige Ex-Frau kennen. Sie war die erste Frau, zu der ich eine Beziehung hatte, und ich hielt das irrtümlicherweise für Liebe. Wir waren drei Jahre lang zusammen, bevor wir heirateten. Ungefähr zwei Jahre später, obwohl ich mir selbst versprochen hatte, mich nie wieder als Transvestit zu kleiden, fühlte ich mich unglücklich, wenn ich es nicht tat. Eines Tages, als meine Frau bei der Arbeit war, lief ich in Frauenkleidern durch die Wohnung. Danach steckte ich sie in die Wäsche und vergaß, die Waschmaschine zu leeren. Meine Frau kam nach Hause, fand die Kleider und vermutete, ich würde sie betrügen. Ich weiß noch, wie ich da stand und das Gefühl hatte, dass mein Leben in Millionen Stücke zerbrach, und flehte: „So ist es nicht! Ich schwöre dir, es ist nicht so, wie du denkst!" Ich zeigte ihr mein geheimes Versteck mit Make-up und Frauenkleidern. Sie war so verwirrt – einerseits erleichtert, dass ich sie nicht betrog, andererseits verletzt, dass sie mein Geheimnis entdeckte, nachdem wir fünf Jahre lang eine innige Beziehung geführt hatten. Verzweifelt versicherte ich ihr: „Ich verspreche dir, dass ich damit abgeschlossen habe. Ich werde es nie wieder tun."

Ein Jahr später habe ich mich ihr gegenüber als transsexuell geoutet. Kurz zuvor hatten wir ein schönes Haus mit einem weißen Gartenzaun gekauft. Wir hatten einen Hund, gute Jobs und einen engen Freundeskreis. Es war der amerikanische Traum von einem Leben in einem Vorort, wir hätten glücklich sein sollen, aber ich war am Tiefpunkt. Ich ging in unser Schlafzimmer und setzte mich auf das Bett. Es war kein langes Gespräch, und ich erinnere mich nur noch vage, aber ich weiß noch, dass ich sagte: „Erinnerst du dich an das Crossdressing? Ich glaube nicht, dass es nur das ist."

Sie schaute mich an. „Das hatte ich befürchtet." Sie sagte, ich solle tun, was ich für nötig befand, um glücklich zu sein, doch wenn ich mich umwandeln ließe, könnte sie nicht mit einer Frau verheiratet sein.

In diesem Augenblick wurde mir klar,
wie sie um den Untergang unserer Ehe trauerte.
Und sie wusste in diesem Moment,
dass ich kein Mann war.

Mein Vater war zufälligerweise der Pastor meiner Frau, und als ich mich vor ihr outete, fragte sie, ob sie seinen Rat einholen könne. Ich bereue es bis heute, aber ich sagte ihr, es sei in Ordnung. Sie sprach mit ihm und er riet ihr, sich nicht von mir scheiden zu lassen, aber auch, meine Geschlechtsumwandlung nicht zu unterstützen. Mein Vater und ich haben nicht ein einziges Mal darüber gesprochen. In den nächsten drei Jahren tat ich mein Bestes, um meine Gefühle zu verbergen. Ich wollte das Leben, das ich mit meiner Frau aufgebaut hatte, nicht links liegen lassen.

In meinen Zwanzigern war ich nicht sicher, ob ich es bis dreißig schaffen würde, aber als ich auf 29 zuging, wusste ich, dass ich es nicht hinbekäme. Dieses Jahr war bei Weitem mein schwärzestes. Ich besuchte meine Großmutter, die in einem anderen Bundesstaat lebte und in der koreanischen Kirchengemeinde noch heute eine Legende ist. Sie war dafür bekannt, spirituell veranlagt zu sein und übersinnliche Fähigkeiten zu haben. Es war das erste Mal seit einer Weile, dass ich sie sah, und sie war sehr krank. Sie aß nicht und saß den ganzen Tag in ihrem Sessel. Ich nahm neben ihr Platz, und ich werde nie vergessen, wie sie mir tief in die Augen schaute und sagte: „Mach dir keine Sorgen darüber, was die Leute denken. Sei einfach du selbst, und alles wird gut." Sie billigte weder Queerness noch Transidentität, aber ich vermute, sie konnte sehen, wie sehr ich litt. Das war das letzte Mal, dass ich sie gesehen habe.

In der Nacht vor ihrem Tod habe ich zum wiederholten Mal versucht, mir das Leben zu nehmen. Ich war allein zu Hause, meine Frau war nicht in der Stadt und ich hatte vor, mir in der Badewanne die Pulsadern aufzuschneiden. Mein Plan scheiterte, weil ich zu betrunken war und in der Badewanne einschlief, bevor ich es tun konnte. Als ich am nächsten Morgen aufwachte, hörte ich mein Telefon in einem anderen Zimmer klingeln. Es war meine Mutter, die mir mitteilte, dass meine Großmutter am Abend zuvor gestorben war. Ich bin nicht unbedingt ein Freund irgendeines Glaubens, aber ich hielt das für einen wirklich besonderen Zufall. Sie starb zu dem Zeitpunkt, als ich vorhatte, meinem Leben ein Ende zu setzen. Es kam mir vor wie eine göttliche Intervention: „Nein, heute nicht." Ich habe den nächsten Flug nach Hause genommen, um zu ihrer Beerdigung zu gehen.

Etwa 2000 Menschen nahmen an dem Gottesdienst teil, und jeder wollte persönlich seine Aufwartung machen. Ich nahm mir etwas Zeit, um die Menschenmasse zu verlassen und meine Gedanken unter einer Weide im Freien zu ordnen. Ich saß dort stundenlang allein und dachte nach. Schließlich kam meine Frau zu mir und setzte sich neben mich ins Gras. Ich erzählte ihr von der Nacht zuvor und wie mein Plan ausgesehen hatte. Ich sagte ihr, dass ich nicht mehr so weitermachen könnte, dass ich nicht wüsste, was die Zukunft bringen würde, wenn wir zusammen blieben; sie wusste, was das bedeutete. Wir blieben unter dem Baum und schmiedeten Pläne für unsere Scheidung, drei Jahre nach unserem ersten Gespräch, das ähnlich verlief.

Das war im September. Im darauffolgenden Mai begann ich damit, Hormone einzunehmen, und im Juni hatte ich mein Coming-out. Es war der letzte Tag des Pride-Monats. Ich postete ein Foto mit der Bildunterschrift: „Hey, ich bin trans. Das bin ich und ich werde es nicht länger verbergen." Das ist jetzt zwei Jahre her. Ich kann nicht auch nur annähernd vergleichen, wie unglücklich ich vorher war und wie glücklich ich heute bin. Das Wertvollste, was ich aus meiner Erfahrung gelernt habe, ist: Das, was man gewinnt, wenn man aufrichtig geliebt wird, ist so viel mehr als das, was man jemals verlieren könnte. Daran glaube ich wirklich.

23, Workuta, Russland

Tragödie und Trauer, Blut und brutale Gewalt

Ich wurde im äußersten Norden Russlands geboren, in einer kleinen Siedlung mit nur 9000 Einwohnern rund um ein Kohlebergwerk. Es ist ein sehr trister Ort, und der Winter währt neun Monate, in denen es pro Tag nur dreißig Minuten Tageslicht gibt. Wenn der Schnee und der Himmel miteinander verschmelzen und alles nur noch weiß ist, nennen wir das „Milch". Mein Vater war Ingenieur in einem der Bergwerke. Es wurde von den Gefangenen des Gulag ausgehoben, der zur Zeit der Sowjetunion errichtet wurde. Alle Arbeitskräfte der Region wurden für den Bau der Stadt, ihrer Infrastruktur und der Eisenbahn eingesetzt. Es war eine der dunkelsten Zeiten der russischen Geschichte; allein der Bau der Bahnlinie forderte etwa 40.000 Menschenleben.

Ich würde nicht sagen, dass ich eine glückliche Kindheit hatte. Mein Vater war Alkoholiker, und meine Eltern waren insgesamt dreimal verheiratet – sie heirateten, ließen sich scheiden, heirateten und so weiter –, es war also eine sehr wechselhafte Beziehung. Die meiste Zeit meiner Kindheit verbrachte ich bei meiner Großmutter, sie war knallhart, ohne Gefühle oder Wärme. Oma stammte von russischen Bauern ab, die wie Sklaven lebten, Generationen trauriger Menschen mit schrecklichen Lebensbedingungen.

Ich wuchs mit dem Gefühl auf, nicht normal zu sein, doch mein Umfeld ließ es nicht zu, meine Identität zu entdecken. Die Vorstellung von „lesbisch" existierte nicht. Ich habe sieben Mal die Schule gewechselt und wir sind in drei verschiedene Städte gezogen; ich kann mich nicht erinnern, dass irgendjemand jemals lesbisch war. Ich ging Beziehungen mit Männern ein, aber immer wenn es zum Sex kam, fühlte es sich falsch an. Es gab keine Alternative. Ich konnte mir nicht vorstellen, mein Leben als bekennende lesbische Frau zu leben, also versuchte ich zu heiraten.

Ich war 18, er 33, ein toller Kerl, und meine Eltern mochten ihn, also sagte ich Ja. Einen Monat vor der Hochzeit geriet ich in Panik. Gemäß der Tradition lässt sich eine russische Braut für den Hochzeitstag die Haare möglichst lang wachsen. Ich wusste nicht, wie ich ihm sonst sagen sollte, dass ich ihn nicht heiraten würde, also rasierte ich mir alle Haare ab. Wir trafen uns zum Abendessen, er warf einen Blick auf mich und meine Glatze und wusste, was ich sagen wollte. Es wurde kein weiteres Wort gesprochen.

Homosexuell zu sein ist in Russland mit vielen Tragödien, viel Blut, viel Trauer und viel Gewalt verbunden. Es gab eine Zeit, in der es etwas sicherer war; Gay-Clubs tauchten auf, und die Menschen fühlten sich auf den Straßen recht wohl. Aber 2013 änderte sich alles, als ein Gesetz gegen homosexuelle „Förderung“ erlassen wurde, in dem es hieß: „Homosexualität ist illegal, schwule oder lesbische Menschen dürfen sich nicht öffentlich zeigen oder über sich sprechen.“ In Russland kann man Gays schlagen, ohne dafür bestraft zu werden. Ärger mit der Polizei zu bekommen, weil man gay ist, ist völlig normal.

Ich verbrachte einmal vier Stunden in einer Gefängniszelle, während der Leiter der Polizeidienststelle versuchte, meiner Freundin, die mit mir dort war, klarzumachen, dass wir mit ihm schlafen müssen.

Erst dann würden wir freigelassen werden. Während ich in dem winzigen Eisenkäfig saß, getrennt von ihr, hörte ich nur ihre Schreie und ihr Weinen. Das verfolgt mich immer noch. Ich wusste, sie war da, aber ich hatte keine Ahnung, was sie ihr antaten.

Ich habe mich meiner Mutter gegenüber geoutet, als ich 23 war. Sie hatte schon lange geahnt, dass etwas nicht stimmte, und schnüffelte in meinen persönlichen Sachen herum. Eines Tages fand sie einen Liebesbrief von einer Frau. Daraufhin hatten wir ein schreckliches Gespräch, in dem sie eine 40-minütige Rede darüber hielt, warum es falsch und wie peinlich es für sie war. Ich ging und wir sprachen ein Jahr lang nicht miteinander. Das Coming-out bei all meinen Freunden und Familienmitgliedern glich einer Entschuldigung wie „Es tut mir leid, dass ich dich mit meinem Dasein belästige“. Einige Freunde beschlossen, nicht weiter mit mir zu reden. Heute frage ich mich, ob es daran lag, dass sie selbst gay waren und Angst hatten.

Mein Bruder hatte einen Freund, der sich erschossen hat, weil er schwul war. Er war ein bekannter Zahnarzt, der eine Klinikfiliale besaß, aber in Russland ist es nicht erlaubt, schwul zu sein und ein Unternehmen zu besitzen. Die Leute fanden es heraus, und sein Leben war schnell zerstört, er konnte nicht damit umgehen. Ein Jahr später habe ich mich vor meinem Bruder geoutet. Er sagte mir, er unterstütze mich und wolle nicht, dass mir so etwas passiert. Aber nach einer Bemerkung gegenüber meiner Freundin, in der es um seine Teilnahme an meiner Hochzeit ging, kann ich sagen, dass er es nicht wirklich versteht. Im Grunde sagte er: „Mich zu bitten, zu deiner Hochzeit zu kommen, ist so, als würde man einen Muslim bitten, Schweinefleisch zu essen."

Ich hatte einen Freund, einen schwulen Aktivisten, der mit AIDS ins Krankenhaus eingeliefert wurde. Wir hörten ein paar Tage lang nichts von ihm und machten uns Sorgen. Wir wollten ihn besuchen, aber niemand ließ uns zu ihm. Meine Freunde und ich bestachen schließlich einen Mitarbeiter, sodass wir in sein Zimmer konnten. Er war bewusstlos und lag im schlimmsten Zimmer des ganzen Krankenhauses, es war wie der Wartungsraum. Er hatte keine Bettwäsche, sondern war mit einem schmutzigen, dünnen Lappen bedeckt. Die Krankenschwestern erlaubten ihm nicht, das Licht anzumachen, und sie gaben ihm nichts zu essen. Es war eine Folter in heutiger Zeit und das alles nur, weil er an AIDS erkrankt war. Wir schreiben das Jahr 2014, und es sind hochqualifizierte Leute in einem der größten Krankenhäuser Russlands, Ärzte, die glauben, dass Homosexuelle es verdienen, bestraft zu werden. Wenn sie sterben, dann haben sie es eben verdient. Schließlich konnten wir erreichen, dass er in ein anderes Krankenhaus verlegt wurde, aber er starb kurz darauf. Seine Beerdigung wurde nicht öffentlich bekannt gegeben, sodass wir uns auf das verlassen mussten, was wir von Mund zu Mund hörten. Seine Social-Media-Seiten waren übersät mit Hass und homophoben Nachrichten; Hunderte von Menschen schrieben, dass er den Tod verdient habe.

Letztlich ist das der Grund, warum ich Russland in Richtung Amerika verlassen habe. Ich war bei meiner Mutter zu Hause, wir

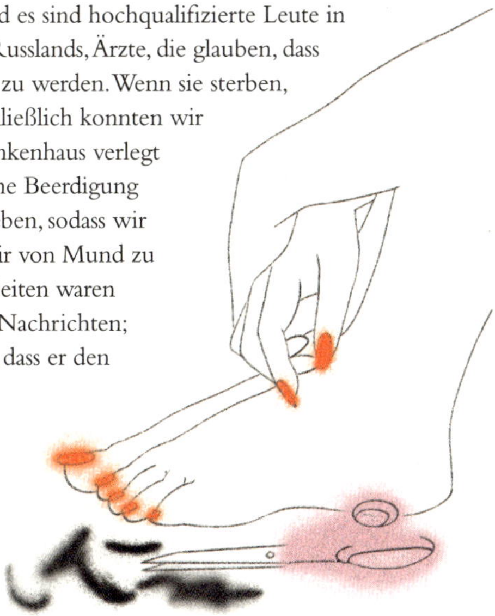

aßen ein letztes Mal gemeinsam zu Abend und ich erzählte ihr vom Tod meines Freundes. Sie jedoch sagte: „Das kommt davon, wenn man eine solche Sünde begeht. Du solltest dich lieber in eine psychiatrische Anstalt einweisen lassen, als so zu leben."

Ich verkaufte alles, was ich konnte, und ging mit meiner Freundin nach New York. Ich werde nie vergessen, wie wir die Sehenswürdigkeiten besuchten und anhielten, um gemeinsam ein Selfie zu machen. Ein freundliches altes Ehepaar bot uns an, uns beide zu fotografieren und fragte uns, woher wir kämen und welchen Akzent wir hätten. Ich war so nervös, ihnen zu sagen, wie es ist, denn in Russland ist es nicht üblich, jemandem die Wahrheit zu sagen. Am Ende erzählten wir unsere Geschichte und warum wir immigriert sind. Sie waren so freundlich, so warmherzig und freuten sich für uns, dass wir aus Russland fliehen konnten. Es gab keine einzige abträgliche Reaktion, nicht die geringste Verurteilung. Das war der Wendepunkt, als mir klar wurde, dass ich mich nicht länger verstecken muss. So sollte es sein.

Aufgrund der Pandemie und der Politik sind die russischen Grenzen im Moment geschlossen. Viele LGBTQIA+-Menschen sind in einem Land eingesperrt, das das Leben unerträglich macht. Homosexuell zu sein bedeutet, dass du nicht heiraten kannst, dass du kein Unternehmen besitzen darfst, dass du in der Öffentlichkeit nicht die Hand deines Lebensgefährten halten kannst, dass du keine Kinder haben darfst oder dass sie dir weggenommen werden, wenn du welche hast. Angst um das eigene Leben zu haben ist ein wesentlicher Bestandteil davon, und du spürst sie jede Sekunde. Es geht nicht nur um Menschenrechte. Diese Menschen werden in Gefängnissen festgehalten, die von uneinnehmbaren Mauern und brutalen Wächtern gesichert sind. So einfach ist das, und so ungerecht und entsetzlich ist es.

Ich gehöre zu den wenigen Glücklichen, die es geschafft haben, das Land zu verlassen. Es ist sehr schmerzhaft, zu wissen, dass ich Freunde zurückgelassen habe, die weiterhin leiden.

Jeder hat ein Recht darauf, glücklich und frei zu sein.

Im Jahr 2022 unterzeichnete der russische Präsident Wladimir Putin ein Gesetz, das eine Ausweitung des Verbots von LGBTQ-„Förderung“ vorsieht und es jedem untersagt, gleichgeschlechtliche Beziehungen zu unterstützen oder zu behaupten, nichthetero-sexuelle Orientierungen seien „normal“.

23, Georgia, USA

Meine Familie mit militärischem Hintergrund

Ich stamme aus einer langen Reihe von Veteranen, bin mit zwanzig freiwillig zum Militär gegangen und habe fünf Jahre lang gedient. Während meiner Zeit im Boot Camp hatte ich eine Langzeitfreundin und sah mich als heterosexuellen Afroamerikaner. Natürlich war es ein homophobes Umfeld. Ich wurde zwar nie Zeuge von körperlichen Auseinandersetzungen, aber es gab jede Menge Schwulenwitze und Beleidigungen, die die Runde machten. Da die Leute nicht wussten, dass ich schwul war, wurden viele dieser Sprüche in meinem Beisein gemacht.

Ich habe das Militär sowohl als Hetero als auch als Homo erlebt. Nach der Hälfte meiner Dienstzeit habe ich mich geoutet. Ich hatte mich von meiner Freundin getrennt und war mit einem Mann zusammen, den ich bei meiner Versetzung in ein anderes Camp kennengelernt hatte. Als ich meinen guten Freunden bei der Army davon erzählte, reagierten alle mit Verständnis und befürworteten es, und das fand ich wirklich erstaunlich. In den vergangenen Jahren haben sich sogar einige von ihnen selbst geoutet. Ich glaube, viele Männer leisten ihren Militärdienst, um ihre wahre Sexualität zu verbergen.

Mein Vater diente 25 Jahre und legt großen Wert auf Disziplin und Regeln, zudem sind meine Eltern sehr religiös. Deshalb musste ich strategisch vorgehen, um es ihnen zu sagen. Ich war 23 und finanziell endlich unabhängig. Meiner Mutter gegenüber outete ich mich am Telefon. Das hat sie sehr mitgenommen. Ich bin mit Sport und College-Basketball aufgewachsen, verbrachte meine Zeit mit Freundinnen, also hatte sie es nicht auf dem Schirm. Sie fragte, ob ich nach Hause kommen und mir Hilfe holen wollte. Sie tat so, als ob ich krank sei oder es sich um eine Geisteskrankheit handele, aber das ist nicht ihre Schuld – sie ist eine alteingesessene religiöse Südstaatenfrau und merkte nicht, wie sehr sie meine Gefühle verletzte. Als ich es meinem Vater erzählte, sagte er nur: „Ich werde dich immer lieben, du wirst immer mein Sohn sein, aber ich dulde es nicht. Ich verstehe es nicht und ich finde es nicht richtig."

Danach ging es jahrelang mit schwierigen Gesprächen zwischen uns hin und her. Wir reden die ganze Zeit darüber, wie wir einen Kompromiss finden können, solange sie noch Teil meines Lebens sind. Ich muss sie davon überzeugen, dass sie nicht krank werden, wenn sie in meiner Nähe sind. Wir haben schon viele hitzige Diskussionen geführt, und sie sind immer noch nicht ganz zufrieden. Sie geben sich alle Mühe und versuchen es, setzen aber weiterhin Grenzen. Wenn mein Verlobter und ich zu Besuch kommen, müssen wir zum Beispiel in getrennten Zimmern schlafen, und alles ist sehr formell.

Als ich mich verlobt habe, habe ich meiner Familie nichts davon erzählt. Ich wollte nicht, dass sie mir in die Suppe spucken, wollte diese Zeit mit meinem Partner ganz privat genießen. Als ich sie anrief, um ihnen die Neuigkeiten mitzuteilen, sagten sie: „Danke, dass du es uns gesagt hast." Sie hatten nie vor, mir zu gratulieren. Ich habe sie zur Hochzeit eingeladen und sie gebeten, an der Zeremonie teilzunehmen, aber zu gehen, bevor die Feierlichkeiten beginnen. Ich möchte nicht erleben, wie sie am wichtigsten Tag meines Lebens über mich urteilen. Ich habe meinen Verlobten gebeten, meinen Nachnamen anzunehmen, aber er möchte keinen Namen tragen, mit dem er sich nie willkommen gefühlt hat.

19, Kent, England

Alles klar, Liebes!

Ich wollte es meiner Familie sagen, aber nur mithilfe meiner Schwester. Eines Tages ging ich in ihr Schlafzimmer und outete mich vor ihr. Ihre Reaktion war „Fuck off!“, gefolgt von viel Gelächter. Also schmiedeten wir einen Plan. Wir setzten meine Mutter in meinen kleinen blauen Ford Fiesta und fuhren mit ihr ins Shopping Center, aber sie musste hinten sitzen, so konnte sie mich nicht beschimpfen, da ich fahren musste. Ich hatte eine ganze Rede vorbereitet.

Mitten während der Fahrt blickte meine Schwester mich im Spiegel an und nickte mir dezent zu, als wollte sie sagen: „Jetzt ist es so weit.“ Ich drehte die Musik leiser und sagte: „Mum, ich muss dir etwas sagen. Ich bin lesbisch.“ Sie sagte, recht melancholisch: „Alles klar, mein Liebes.“

Schweigen.

Fünf Minuten vergingen, dann sagte sie: „Darf ich fragen, ob es nur eine Phase ist?“ Als ich antwortete, dass es das nicht sei, sagte sie wieder: „Alles klar, mein Liebes.“ Das war's dann. Ich war stinksauer, dass ich meine Rede, auf die ich so viel Zeit verwendet hatte, nie halten konnte.

An diesem Abend hörte ich nur noch, wie meine Mutter mit allen Familienmitgliedern telefonierte und immer wieder das Gleiche sagte: „Ich weiß! Wusstest du es? Ich hatte ja selbst keine Ahnung! Tja, wir konnten sie nie dazu bringen, ein Kleid anziehen! Sie war schon immer ein burschikoses Mädchen!“

Zwei Tage später fragten meine Eltern, ob sie mit mir reden könnten. Wir sprachen in meiner Familie nie über irgendetwas, also war es wirklich peinlich. Ich setzte mich an den Tisch und musste mir von meinen Eltern einen Vortrag darüber anhören, dass „manche Lesben etwas maskulin sein können“ und dass ich „vorsichtig sein“ müsse, weil „sie ein bisschen grob sein können“. Nachdem ich mir eine halbe Stunde lang ihr Gelaber angehört hatte, musste ich ihnen klarmachen, dass, wenn überhaupt irgendjemand eine „raue Lesbe“ wäre, ich es war. Das war vor siebzehn Jahren, und ich bin immer noch traumatisiert.

An meinem ersten Tag in meinem neuen Job lud mich mein Chef zu einem Begrüßungskaffee ein.

Er fragte mich eingehend über mein Privatleben aus, unter anderem, ob ich Single sei. Als ich ihm erzählte, dass ich eine schreckliche Trennung durchmachte, antwortete er: „Was hat er getan?!"

Seine Bemerkung traf mich völlig unvorbereitet und ich war nicht bereit, mich in der ersten Stunde meines neuen Jobs zu outen. Also war meine Ex in den folgenden zwei Jahren ein „Er" und jede, mit der ich ausging, wurde als Mann bezeichnet. Es war ein kompliziertes Durcheinander, das außer Kontrolle geriet und mir wesentlich mehr Angst bereitete als nötig.

Ich war in einem Netz aus Lügen gefangen, und als ich mit der Wahrheit herausrücken wollte, war es schon zu spät, um eine so bizarre Enthüllung zu machen.

31, Kent, England

Das letzte Mal

Als Kinder experimentierten meine Schwestern mit Make-up und Kleidern, während ich schlammverschmutzt und mit blauen Flecken nach Hause kam, nachdem ich den Tag mit den Jungs auf Bäumen verbracht hatte. Meine Schwestern dachten sich Tanzchoreografien aus und brachten mich dazu, mitzumachen. Sie zogen mir bauchfreie Tops und kurze Röcke an und kümmerten sich um meine Haare und mein Make-up. Ich fühlte mich jedoch unglaublich ängstlich und unwohl, wenn ich mich im Spiegel sah; ich kam mir vor wie eine Schwindlerin.

Dann kam die Pubertät, die mich plötzlich und unerwartet zur Frau werden ließ. Meine Brüste wuchsen schnell, was die Aufmerksamkeit der Jungs im Teenageralter auf sich zog und mich sehr verlegen machte. Ich trug das ganze Jahr über schwere Mäntel und Pullover, um so viel wie möglich zu kaschieren. In den Sommermonaten, wenn ich andere Leute besuchen ging, bestand ich darauf, dass mir zu kalt sei, um meinen Mantel auszuziehen, während mir der Schweiß über das Gesicht lief.

Mit den Jahren begann ich, mich männlicher zu kleiden, aber wenn ich allein war, war ich bisweilen völlig verzweifelt. Ich dachte darüber nach, mir die Brüste abzuschneiden. Ich starrte mich im Spiegel an und beschimpfte diesen Körper, der sich nicht wie mein eigener anfühlte. Mit sechzehn ging ich zum Arzt, sagte ihm, was ich für meinen Körper empfand und äußerte meinen verzweifelten Wunsch, mir die Brüste entfernen zu lassen. Er lächelte mich herablassend an und sagte: „Du bist zu jung, um diese Entscheidung zu treffen. Wenn du älter bist, wirst du deine Meinung ändern." Es war eine andere Zeit.

Mit siebzehn outete ich mich vor meinen Freunden und meiner Familie als lesbisch. Ich wusste, dass ich mich zu Frauen hingezogen fühlte, folglich war das damals die einzige logische Schlussfolgerung; ich hatte keinen Wortschatz für etwas anderes. Das gab mir die Freiheit, meine Männlichkeit auszudrücken, also rasierte ich mir die Haare ab und zog andere Klamotten an. Mein Stiefvater und meine Schwestern waren sehr hilfsbereit und sagten mir, dass sie schon immer einen Verdacht gehabt hätten, aber meine Mutter wollte sich nicht damit abfinden. Sie lehnte jedes Gespräch über meine Sexualität ab und weigerte sich, mit mir die Straße entlangzugehen, solange ich „wie eine Lesbe aussah". Schließlich sprach sie gar nicht mehr mit mir.

Sie verhielt sich weiterhin so, bis ich schließlich versuchte, mir das Leben zu nehmen. Ich wurde ins Krankenhaus gebracht, wo sie mich besuchte, nachdem sie von ihrer eigenen Mutter dafür gescholten worden war, wie sie mich behandelte. Im Lauf der Jahre beruhigte sich die Situation zwischen uns, aber ich wusste, dass ich kein authentisches Leben führte. Ich träumte davon, wie ich aussehen würde, wenn ich mutig genug wäre, mich umwandeln zu lassen. Doch bei mir hatte sich so viel Angst und Transphobie aufgestaut, nachdem ich jahrelang mitanhören musste, wie Freunde und Familie Witze über „Transen" machten. Natürlich hatte ich mich dabei ertappt, dass ich die gleichen Dinge sagte. Ich hatte viel zu verlernen und empfand so viel Hass auf mich selbst. Ich saß in der Falle und wusste, dass mir meine besten Lebensjahre entgleiten würden.

In meinen Zwanzigern beschloss ich, meinen Namen rechtlich in etwas Geschlechtsneutrales zu ändern. Ich begann, Binder zu tragen, und die Geschlechtsdysphorie ließ merklich nach. Die nächsten Jahre verbrachte ich damit, an meinem Selbsthass zu arbeiten, der bei Weitem die größte Herausforderung darstellte. Es bedurfte einer Menge Selbsterkundung und Selbstliebe, bis ich bereit war, die Person zu enthüllen, die ich so lange versteckt hatte.

Als ich dreißig wurde, reiste ich aus beruflichen Gründen ins Ausland. Es war die perfekte Gelegenheit, endlich so authentisch zu leben, wie ich wollte, in einer Umgebung fernab von allem, was ich kannte. Ich erinnere mich daran, was in mir vorging, als ich der ersten Person offenbarte, dass ich transgender bin.

All die Scham schmolz dahin, und zum ersten Mal wusste ich, wie es sich anfühlt, frei zu sein.

In diesem Moment habe ich mich voll und ganz akzeptiert. Als ich nach Hause zurückkehrte, sprach ich mit meiner Familie und wies mich in eine Klinik mit Schwerpunkt Geschlechtsidentität ein.

In dem Jahr, das seitdem vergangen ist, habe ich viele Veränderungen an mir festgestellt, sowohl physisch als auch psychisch. Das Wichtigste ist, dass ich in den Spiegel schauen kann und Liebe für die Person empfinde, die mich dort anschaut.

18, Dublin, Republik Irland

Brathähnchen im Bett

Das habe ich meiner besten Freundin erzählt, als sie mein Hemd für ein Date bügelte. Sie nahm an, es sei mit einer Frau. Ich sagte beiläufig: „Übrigens, es ist mit einem Mann." Sie antwortete ganz nonchalant: „Das ändert nichts an meiner Meinung über dich, ich bin nur schockiert!" Ich spürte eine große Erleichterung, als ob ich nicht mehr lügen müsste.

Ich war zwei Jahre lang mit diesem Mann zusammen. Als es ernster mit uns wurde, begann ich darüber nachzudenken, wie ich es meiner Familie sagen würde. Bevor ich die Gelegenheit dazu hatte, wurde ich eines Abends von meiner Mutter kalt erwischt. Ich kam von einer durchzechten Nacht nach Hause, war also beschwipst und mampfte in meinem Bett ein Brathähnchen. Ich war ziemlich fertig. Sie kam in mein Schlafzimmer, stand mit verschränkten Armen in der Tür und sagte: „Du verbringst viel Zeit mit diesem Typen, ist er ein Freund oder mehr als ein Freund?"

Ich sagte: „Er ist mein Freund." Sie geriet in Panik und wurde ganz aufgeregt, murmelte „Ich muss mit deinem Vater reden" und eilte aus meinem Schlafzimmer.

Ich rief ihr scherzhaft hinterher: „Wage es ja nicht, vor mir wegzulaufen, törichtes Weib!" Wir unterhielten uns noch ein wenig und sie sagte, sie mache sich Sorgen, dass ich keine Kinder haben könnte. Ich musste sie korrigieren:

„Sei nicht so gierig! Du hast jede Menge Enkelkinder! Das bedeutet nicht, dass ich keine Kinder haben werde, und selbst wenn ich ein Hetero wäre, bedeutet das nicht, dass ich auch Kinder hätte!"

Am nächsten Tag erzählte ich es meiner ganzen Familie, einschließlich meiner fünf Brüder. Es fiel mir schwerer, es den Jungen zu sagen als den Mädchen. Am Tag bevor meine Patentochter getauft werden sollte, rief ich ihren Vater, meinen besten Freund, an. Ich machte mir Gedanken, dass er mich nicht mehr als Patenonkel haben wollte. Er sagte so etwas wie: „Alter, ich kann mir niemanden vorstellen, der besser dafür geeignet wäre."

Die einzige Person, der gegenüber ich es nicht offenbart hatte, war mein Vater. Väter sind immer am schwierigsten. Schließlich zwang mich einer meiner Brüder, es ihm zu sagen. Es war die Zeit des Verfassungsreferendums in Dublin im Jahr 2015; ich wollte auf eine Party gehen, um die Tatsache zu feiern, dass Irland für die Homo-Ehe gestimmt hatte. Ich wusste – dies war der beste Zeitpunkt, es ihm zu sagen.

Ich trank jede Menge Wodka allein in meinem Schlafzimmer und ging nach unten. Ich wandte mich ihm zu: „Wofür hast du gestimmt?"

Er sagte: „Das geht dich nichts an", und ich antwortete: „Doch, es geht mich etwas an, denn ich bin schwul." Es war eindeutig der Wodka, der aus mir sprach.

Nach einer langen Pause meinte er: „Warum hast du mir das nicht eher gesagt?" Ich fing an zu weinen. Dann fuhr er fort: „Solange du glücklich und gesund bist, sollst du mit dem zusammen sein, mit dem du zusammen sein willst. Ich bin wirklich stolz auf dich, dass du es mir gesagt hast." Ich konnte an diesem Abend ausgehen und das Ergebnis des Referendums feiern, weil ich wusste, dass ich die Unterstützung meiner Familie hatte.

Die Zeit vor dem Coming-out ist mit viel Stress und Sorgen verbunden: Du musst ständig deine Spuren verwischen und dir Lügen ausdenken, wo du bist oder mit wem du dich triffst und hast das Gefühl, nicht ganz du selbst zu sein. Wenn du es erst einmal geschafft hast, dich zu outen, kommt es dir vor, als eröffnete sich dir eine ganz neue Welt. Es ist, als wärest du ein völlig neuer Mensch.

17, London, England

Der Stupser mit dem Ellbogen

Ich übernachtete bei einer Freundin und machte mir schon seit Monaten Gedanken darüber, wie ich mich ihr gegenüber outen sollte. Ich wachte um drei Uhr morgens völlig gestresst auf und stieß sie mit dem Ellbogen an. „Ich muss dir etwas sagen."

Sie war noch im Halbschlaf und muffelig. „Was?!"

„Du kennst doch das Mädchen, mit dem ich abhänge? Nun, wir sind zusammen."

Sie war wütend, dass ich sie geweckt hatte. „Das ist ja toll. Kann ich jetzt weiterschlafen?"

Wir sprachen am Morgen kurz darüber, aber sie hatte es schon geahnt, also war es keine große Sache. Jeder, dem ich davon erzählte, fand es gut. Wir gingen auf eine reine Mädchenschule, und das war zu der Zeit, als sich auf Partys alle küssten. Es gab tatsächlich so etwas wie „Oh, heißt das, dass du auch auf mich stehst?"

Abends habe ich stundenlang mit meiner Freundin telefoniert. Ich weiß nicht, warum wir uns so viel zu erzählen hatten, als ob wir nicht jeden Tag miteinander verbracht hätten. Meine Mutter fand meine Telefonrechnung und fragte mich, zu wem die Nummer gehörte. Ich hatte solche Angst und dachte: „Verdammt, das ist so offensichtlich. Sie weiß es bestimmt."

Die Uni betrachtete ich als Gelegenheit, neu anzufangen, mich neu zu erfinden. Ich glaubte, dadurch neue Leute kennenzulernen und dass es mir helfen würde, alles auf natürliche Weise herauszufinden. Ich verknallte mich in Jungs, wollte aber nie Sex mit ihnen haben. Als der Abschluss anstand, war ich mit einem Mädchen zusammen und dachte, es wäre der richtige Zeitpunkt, es meinen Eltern zu sagen; sie würden uns bei den Feierlichkeiten zusammen sehen, und es war eine gute Gelegenheit, sie vorzustellen. Wie auch immer, ich habe an dem Tag gekniffen. Meinen Eltern bei der Abschlussfeier etwas zu sagen, erschien mir plötzlich als ein fürchterlicher Gedanke. Allerdings habe ich ihnen meine Freundin vorgestellt. Ich glaube, meine Mutter zog misstrauisch eine Augenbraue hoch, aber es wurde nichts gesagt.

Schließlich erzählte ich es meiner Mum, als ich über die Weihnachtsfeiertage zu Hause war. Sie nahm es mir sehr übel. Ich sagte ihr, ich sei mit einem Mädchen zusammen, erwähnte aber nicht, dass ich lesbisch bin. Sie sagte kein Wort, sondern war sprachlos, starrte mit ausdruckslosem Gesicht aus dem Fenster. Ich hatte keine Lust, noch mehr über mich preiszugeben, daher ging ich nach oben. Mein Vater war jedoch sehr nett. Er kam später am Abend in mein Zimmer und setzte sich auf das Ende meines Bettes:

„Hör zu, du kannst lieben, wen du willst,
aber lass dich von niemandem verletzen
und tue auch niemandem weh."

„Mach dir keine Sorgen um deine Mutter, sie hatte es sich anders mit dir vorgestellt, es läuft ihrer Meinung nach nicht so, wie es sollte. Sie wird darüber hinwegkommen."

Und das tat sie. Sie hat meine Frau bei unserer Hochzeit in diesem Jahr zum Altar geführt. Es geschah auf ihren eigenen Wunsch hin.

24, Sankt Petersburg, Russland

Rote Farbe

Ich wurde in einem kleinen Stadtteil von Sankt Petersburg geboren. Es gab nur mich, meinen Vater, meine Mutter und meinen älteren Bruder, bis mein Vater uns verließ, als ich drei war. Meine Mutter war stets auf der Arbeit. Ich habe sie sehr geliebt, aber sie hatte ein großes Problem mit Glücksspielen. Als ich sieben Jahre alt war, verkaufte sie unsere Wohnung und all unser Hab und Gut, weil sie so vielen Leuten Geld schuldete. Sie musste umziehen, und ich zog zu meiner Großmutter. Danach wurde alles anders.

Als ich vierzehn war, gab es zwei Mädchen, die zusammen in einer Wohnung im selben Block wohnten wie wir. Meine Großmutter sagte stets, das sei nicht normal und dass ich mich von ihnen fernhalten solle. „Schaue ihnen nicht einmal in die Augen", warnte sie mich. Das war das Jahr, in dem ich merkte, dass ich auf Mädchen stand. Es war die beste und schlimmste Zeit meines Lebens: gut, weil ich mir über mich selbst im Klaren war, schlecht, weil ich wusste, dass es ein Problem war. Ich erzählte es meiner Mutter ein paar Jahre später, am Ende meiner Schulzeit. Sie sagte: „Ich wusste es bereits." Meine Mutter lebt in ihrer eigenen Welt und kümmert sich um nichts und niemanden.

Mein Bruder gehört einer radikalen Nazi-Organisation an. Er ist ein gewalttätiger, narzisstischer, homophober, frauenfeindlicher Skinhead, und er ist furchterregend. Er hat überhaupt keinen moralischen Kompass. Seiner Meinung nach haben nur heterosexuelle weiße Nationalisten eine Existenzberechtigung. Er war sein ganzes Leben lang aggressiv. Meine Mutter hat ihm nie beigebracht, was akzeptables Verhalten ist. Sie ist der Auffassung, dass der Mann im Haus immer recht hat – eine sehr russische Geisteshaltung. Er wuchs in dem Glauben auf, die Welt sei gegen ihn, und meine Mutter bestärkte ihn darin, indem sie ihn lehrte, dass die Welt ihnen beiden etwas schuldig sei. Als er zwanzig war, hat er ihr zum ersten Mal ein blaues Auge verpasst, und sie hat ihn nie auch nur zurechtgewiesen. Sie tat so, als wäre nichts passiert; es gab kein Nachspiel. Er wuchs in dem Glauben auf, das sei normal.

Ich wollte meinem Bruder nie von mir erzählen, aber er hat es durch meine Mutter erfahren. Ich war eine Zeit lang auf Reisen, und als ich nach Russland zurückkam, hatte ich keine Wohnung. Er bot mir das freie Zimmer bei sich zu Hause an. Da ich keine andere Möglichkeit sah, nahm ich das Angebot an. Eines Tages hatte er viel getrunken und ich hörte, wie er sich mit seiner Frau im Schlafzimmer stritt. Er schrie und schlug auf die Möbel ein, haute gegen die Wände. Als ich nachsehen wollte, was los war, stieß er sie zu Boden. Sie war im fünften Monat schwanger. Und als ich dazwischen ging, schlug er mir ins Gesicht und sagte: „Du bist eine dreckige Lesbe. Du hast keine Ahnung, was in der Welt vor sich geht!“ Er prügelte mehrere Male sehr heftig auf mich ein, packte mich am Hals und schlug mir ein paar Minuten lang direkt auf den Kopf. Dann rannte er in die Küche, schnappte sich ein Messer, hielt es mir an den Hals und sagte: „Du dreckige Lesbe. Verschwinde jetzt oder ich bringe dich um!“ Ich rannte weg.

Als ich meiner Mutter am Telefon erzählte, was vorgefallen war, fragte ich sie, ob sie mir helfen, mich beschützen, etwas gegen die Situation unternehmen könnte. Ich konnte nirgendwo hin, hatte kein Geld und keine Kleidung, und es war eiskalt. Sie sagte: „Du wirst es schon schaffen“ und legte auf.

Diskriminierung aufgrund sexueller Orientierung gibt es in Russland überall. Es ist hier ganz normal, dass Schwule und Pädophile als das Gleiche angesehen werden. Gay zu sein ist in diesem Land heute schlimmer als je zuvor. Im Juni 2013 verabschiedete die russische Duma in Moskau ein neues Gesetz, das die „Propaganda für nichttraditionelle sexuelle Beziehungen“ verbietet. Das bedeutet, dass jede öffentliche Diskussion oder wohlmeinende Aussage über LGBTQIA+-Themen verboten ist. Jeglicher Aktivismus im Internet oder in anderen Medien ist ebenfalls nicht gestattet, und alle Paraden und Flaggen sind verboten. Wird ein gleichgeschlechtliches Paar beim Küssen oder Händchenhalten in der Öffentlichkeit gesehen, droht ihm eine Geld- oder Gefängnisstrafe. Was immer sie mit uns machen wollen, sie können es. Wir sind schutzlos. Unlängst habe ich mit ein paar Freunden vor einem Club geraucht. Wie aus dem Nichts kam eine riesige Metalldose mit Farbe aus einem der darüber liegenden Wohnungsfenster auf mich zugeflogen. Ich schaffte es, mich rechtzeitig zu ducken und das Ding landete direkt neben meinem Fuß und bespritzte uns alle mit roter Farbe. Wir mussten durch die Stadt laufen und sahen aus, als wären wir mit Blut beschmiert. Wer auch immer sie geworfen hat, wollte uns umbringen. Wären wir zur Polizei gegangen, hätte man uns gesagt, dass wir es verdient haben. Homophobe Angriffe, manchmal sogar Morde, sind auf dem Vormarsch, und wenn die Polizei gerufen wird, taucht sie meistens nicht auf.

Es ist unmöglich, hier als Frauenpärchen eine Wohnung zu finden. Die Vermieter halten einen entweder für Prostituierte oder für Lesben. Du wirst nicht einmal zwei Studentinnen finden, die zusammen wohnen. Infolge der Gesetzesänderung ist die „nichttraditionelle sexuelle Orientierung" ein Grund, LGBTQIA+-Eltern das Sorgerecht zu verweigern. Vor 2013, als Russland noch halbwegs liberal war, hatten viele lesbische Paare Kinder. Jetzt schicken sie ihre Kinder nicht zur Schule, weil sie befürchten, dass das Kind seine beiden Mütter erwähnt. Das Gesetz besagt, eine Familie habe aus einem Mann und einer Frau zu bestehen; homosexuelle Menschen verdienen es nicht, Eltern zu sein.

Ich bin Kinderpsychologin. Es ist verboten, Ärztin und lesbisch zu sein, also werde ich es niemandem erzählen, nicht einmal meinen engsten Kollegen. Ich habe einige sehr intelligente Freundinnen, einige mit Doktortitel. Eine von ihnen erzählte mir neulich, dass ihr dreijähriger Sohn gerne malt und was sie tun könnte, damit er nicht schwul wird.

Russland hat mehrere Feinde: Europa, die USA und Homosexuelle. Ich bin seit fünf Jahren mit meiner Freundin zusammen. Wir sitzen in der Falle. Wir hatten vor, nach Amerika auszuwandern, aber hier gibt es keine Botschaft und es ist sehr schwierig, ein Visum zu bekommen; zwei Frauen über dreißig und „Single" – die Chancen stehen nicht gut für uns.

Im Jahr 2013 erließ Russland ein Bundesgesetz, das die sogenannte „Schwulen- und Lesbenpropaganda" verbietet und den Schutz von Kindern als Vorwand nutzt, um öffentliche Diskussionen und affirmative Aussagen über LGBTQIA+-Themen zu unterbinden. Das Gesetz hat Kinder in ganz Russland schwer getroffen und ihnen das Recht auf Informationen über geschlechtliche und sexuelle Vielfalt verwehrt.

Russland ist offiziell das am wenigsten geschützte Land in Europa für Angehörige der LGBTQIA+-Szene.

Homosexualität galt in Russland bis 1993 als Straftat und wurde bis 1999 als Geisteskrankheit eingestuft.

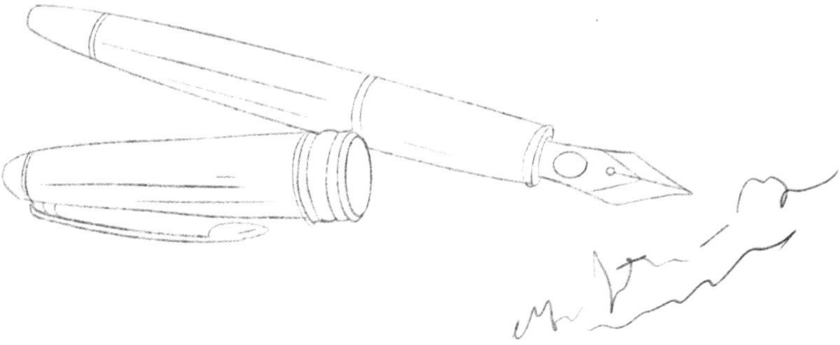

47, Nordirland

Drei Worte

Für meine Mutter war ich nie genug, habe ihren Ansprüchen in keiner Weise genügt. Sie war ein homophober, rassistischer und scheinheiliger Mensch, und als Kind bekam ich die ganze Last ihrer Erwartungen zu spüren. Schon mit zwölf Jahren wusste ich, dass ich lesbisch bin, aber ich war später fünfzehn Jahre lang mit einem Mann verheiratet und hatte zwei Kinder. Es war eine furchtbare Ehe, und ich war zutiefst unglücklich. Wäre meine Mutter anders gewesen, hätte mein Leben vielleicht einen anderen Weg genommen.

Mehrere Jahre lang habe ich mich einer Therapie unterzogen, um zu lernen, wie ich laut sagen kann „Ich bin lesbisch". Ich vermochte es nicht einmal in einem Brief an mich selbst zu schreiben. Ich schämte mich so sehr für diese drei Worte, dass ich mich erst mit 47 Jahren, ein paar Jahre nach meiner Scheidung, dazu bekannte.

Ich setzte mich mit meiner Mutter und meinem Vater zusammen: „Ich möchte, dass ihr wisst, dass mein Partner eine Frau ist." Meine Mutter, damals siebzig Jahre alt, krempelte ihre Ärmel hoch und verpasste mir flugs eine saftige

Ohrfeige. Sie war angewidert, und wie es meinen Kindern, meinem Ex-Mann oder mir deswegen ging, interessierte sie absolut nicht. Sie machte sich eher Sorgen darüber, was andere Leute sagen könnten und welche Demütigung das für unsere Familie bedeuten würde. Ich sah, wie mein Vater um seine Worte rang, aber er fürchtete den Zorn meiner Mutter; sie war der Boss und ihr Wort war endgültig.

Sie ist vor ein paar Jahren verstorben, und ich habe keinen wirklichen Verlust empfunden. Ehrlich gesagt, gab es mir ein Gefühl der Freiheit, als wäre ich endlich von ihren Fesseln befreit worden. Es war eine Einladung, mich so anzuerkennen, wie ich bin, und mein Leben neu zu beginnen.

Ihretwegen habe ich fast fünfzig Jahre lang verleugnet, wer ich war.

Als man ihr die letzte Ehre erwies und ich die Beileidsbekundungen entgegennahm, empfand ich nur Groll und Verbitterung.

Vor einem Jahr begann ich eine neue Beziehung. Als ich meinem Vater davon erzählte, schaute er gequält drein. „Du weißt, deine Mutter mochte deine Lebensweise nicht.“ Ich fand gerade noch die richtigen Worte, um zu sagen: „Meine Mutter mochte vieles nicht und sie ist nicht mehr da.“

31, Connecticut, USA

Aus bestimmtem Grund in diesem Raum

Ich wusste schon sehr früh, dass mit meiner Geschlechtsidentität etwas nicht stimmte. Als kleines Kind schlich ich mich immer in das Zimmer meiner Mutter und probierte ihre Kleider an. Eines Tages erwischte sie mich. Sie sagte mir, dass das für Jungen nicht in Ordnung sei und dass ich deswegen zu einem Facharzt gehen solle. Von da an glaubte ich, dass mit mir etwas nicht stimmte. Ich wollte meinen Eltern nicht zur Last fallen, also ignorierte ich meine Gefühle und hoffte, sie würden sich in Luft auflösen.

Sobald ich meinen Führerschein hatte und allein shoppen gehen konnte, kaufte ich Frauenkleider und versteckte sie. Meine Mutter fand sie und fragte: „Willst du ein Mädchen sein?" Mir fehlten damals die richtigen Worte oder ich hatte keine Ahnung, also lautete die Antwort stets „Nein".

Lange Zeit nahm ich an, es sei normal, dass Menschen sich nur zu 80 Prozent in ihrer eigenen Haut wohlfühlen. Ich dachte, das sei das Beste, was man im Leben erreichen kann. Ich setzte mich selbst unter Druck, um etwas über mich herauszufinden. Bin ich ein Mädchen? Bin ich ein Mann? Oder irgendetwas dazwischen?

Mit Mitte zwanzig liebte ich mein Aussehen. Ich war Automechaniker, ein super normaler Hetero mit langem Bart und Muskeln, der viel trainierte und gut in Form war. Außerdem war ich mit der tollsten Frau verlobt, die mir je begegnet ist. Noch während wir ein Paar waren, kaufte ich gelegentlich Frauenkleider; der kleine Akt, sie zu kaufen, reichte aus, um bei mir den Schalter umzulegen, jedenfalls im Geiste. Von Anfang an wollte ich mit meiner Verlobten offen über meine Genderzugehörigkeit und meine Sexualität sprechen, also erzählte ich ihr alles: dass ich früher eine Geschlechtsumwandlung in Erwägung gezogen und dass ich Frauenkleider angezogen hatte. Aber da ich mit ihr glücklich war, erklärte ich ihr, dass das längst alles Geschichte sei und ich keine Lust mehr darauf hätte. Mit den Jahren kam das Thema immer wieder auf den Tisch und ich versicherte ihr, dass sich nichts geändert hatte.

Obwohl sie jetzt meine Ex ist, war sie die erste Person, vor der ich mich geoutet habe, und sie ist immer noch eine meiner besten Freundinnen und größten Unterstützer. Wir gingen mit unserem Hund spazieren, es war unser erstes Gespräch über meine geschlechtliche Identität. Ich erwähnte, mich eventuell umwandeln zu lassen. Ihre Worte waren:

„Ich möchte nur, dass du glücklich bist,
egal, wie das für uns aussieht.
Dein Glück ist das Wichtigste."

Mir war bewusst, dass sie auf jeden Fall hinter mir stand, ganz gleich, wie unser Verhältnis aussehen würde.

Wir waren fünf Jahre lang zusammen, trennten uns aber 2018, mitten in unserer Hochzeitsplanung. Es war im gegenseitigen Einvernehmen; wir liebten einander, waren aber nicht mehr verliebt. Das hatte nichts mit Gender, Sexualität oder Ähnlichem zu tun. Erst nach unserer Trennung wurde mir klar, dass ich mit mir und meinem Leben sehr unglücklich war, was auch immer ich versuchte. Innerhalb kürzester Zeit wurde ich zu einem sehr grimmigen, unglücklichen Menschen.

Anfang 2021 ließ ich mich durch einen ärztlichen Eingriff umwandeln und outete mich im November desselben Jahres vor meiner Familie. Ich erzählte es zuerst meinem Bruder und seiner Frau. Mein Bruder riss sofort Witze darüber und sagte, wie schwer es ihm falle, sich einen dichten Bart wachsen zu lassen, während ich mir große Mühe gäbe, meinen loszuwerden. Er sprach darüber, wie ungerecht das Ganze doch sei. Mir gefiel es, dass er die Situation locker sah.

Meinen Eltern erzählte ich es nach dem Mittagessen an Thanksgiving am Küchentisch. Ich sagte, dass ich ihnen etwas Wichtiges mitzuteilen hätte, dass ich transsexuell sei und mit der Umwandlung begonnen hätte. Sie sagten: „Das kommt für uns nicht so überraschend, wie du gedacht hast!" Es war so einfach.

Und so wurde ich für meine jungen Nichten zur „Tante L". Das Einzige, was mich ärgerte, war, als ich einmal meine Eltern besuchte und feststellen musste, dass meine Mutter alle Fotos von mir entfernt hatte. Es kam mir vor, als würde sie mein früheres Ich auslöschen, als hätte es mich nie gegeben oder als wäre das, was ich je auf die Beine gestellt hatte, völlig bedeutungslos.

Manche Menschen, die eine Geschlechtsumwandlung hinter sich haben, fühlen sich durch Fotos ihres ehemaligen Ichs gekränkt. Ich bin jedoch sehr stolz auf das Leben und all das, was ich erreicht habe. Als ich meine Mutter darauf ansprach, sagte sie, sie wolle mich nicht beleidigen und warte darauf, neue Fotos zu bekommen, um sie zu ersetzen. Ich aber erklärte ihr, dass es immer noch Teil meiner Geschichte sei und sie sich an ihren Sohn erinnern dürfe.

In den vergangenen zwölf Jahren habe ich bei der Marine als U-Boot-Mechaniker gearbeitet. Homophobie ist dort an der Tagesordnung. Deshalb hat es auch so lange gedauert, bis ich mich im Job geoutet habe. Es war extrem nervenaufreibend. Zuerst habe ich es der Personalabteilung gesagt, gleich nachdem ich meinen Namen rechtlich geändert hatte. Ich sagte: „Ich nehme über Weihnachten drei Wochen Urlaub. Ich werde im Januar mit einem neuen Namen zurückkommen. Ich gehe davon aus, dass alle benachrichtigt werden." Als ich im neuen Jahr zurückkehrte, sprach niemand mehr mit mir, es sei denn, man musste es unbedingt. Ich meldete mehrere Vorfälle: schwulenfeindliche Gespräche, sexistische Bemerkungen, vulgäres Verhalten in der Umkleidekabine. Mein Chef versicherte mir, dass dies aufhören werde. Bis jetzt ist das nicht der Fall, aber sie müssen sich erst noch daran gewöhnen, eine Transfrau im Büro zu haben.

Ich habe es mir zur Aufgabe gemacht, an mich selbst keine anderen Maßstäbe anzulegen als die Frage „Bin ich glücklich?"

> Ich kann einen Raum betreten und die Tatsache akzeptieren, dass ich die einzige Transperson dort bin, und es macht keinen Unterschied.

Ich bin aus einem bestimmten Grund in diesem Raum, und ich verdanke dieses Gefühl der Zeit, die ich mir genommen habe, um herauszufinden, was ich brauche: Wer bin ich? Was brauche ich, um mein Leben authentisch zu leben? Was brauche ich, um Erfüllung zu spüren?

Während wir im Urlaub an der Hotelrezeption stehen, warten mein Partner und ich auf die ach so bekannte Frage:

Concierge: Wie ich sehe, haben Sie ein Doppelbett gewählt. Möchten Sie es in zwei Einzelbetten umwandeln?

25, Sheffield, England

Das wachsame Auge Gottes

Ich bin eines von elf Kindern. Wir wurden zu Hause unterrichtet. Meine Eltern sind sehr bibelgläubig, und mein Vater war ein Prediger, der seine eigene Auffassung des Christentums entwickelt hat. Alles an unserer Erziehung war extrem religiös. Morgens hielten wir beim Frühstück eine Andacht und mein Vater las aus der Bibel vor. Wir besaßen keinen Fernseher, hörten nur Radio mit klassischer Musik. Wir sahen uns keine Filme an und lasen nur „ungefährliche" Bücher, sodass ich eher für Figuren aus Romanen wie *Der Herr der Ringe* schwärmte. Unsere Schulbildung daheim war ebenfalls religiös geprägt; in Biologie brachten uns meine Eltern bei, dass Schwule nicht in den Himmel kommen. Eine meiner ersten Vorstellungen von „schwul" war, dass ich ein Buch mit dem Titel *Das rosa Hakenkreuz* fand, das mein Vater besaß und in dem es darum ging, dass das Nazi-Regime von Schwulen geführt wurde. Meine Eltern hatten die schreckliche Befürchtung, dass Schwule die Familien zerstören würden, also wurden schwule Menschen als „die Feinde" bezeichnet.

Ich kannte es nicht anders, ich fand es sogar idyllisch. Wir lebten in einem kleinen weißen Haus auf einem Bauernhof im ländlichen Dorset, mit Ziegen und Hühnern. Wir hielten uns für eine normale Familie und alle anderen für ideologisch beeinflusste Idioten, die von ihren Schulen und der Regierung einer Gehirnwäsche unterzogen wurden. Wir lebten in einer Welt, in der alles eine Verschwörung war. Unsere Eltern lehrten uns, dass die Welt da draußen ein böser, gefährlicher Ort voller Gewalt und Drogensüchtiger war. Ich glaube nicht, dass ich jemals die Religion infrage gestellt habe, bis ich herausfand, dass ich schwul war.

Ich war fünfzehn, als ich merkte, dass ich mich nicht zu Frauen hingezogen fühlte. Wir unternahmen als Familie Ausflüge in einem alten Schulbus, ich schaute durch das Fenster und starrte Männer an und dachte: „Oh, der ist attraktiv" oder „Ich würde ihn gerne küssen". Irgendwann hörte ich meinen Vater davon erzählen, wie Männer an Tankstellen andere Männer trafen, um mit ihnen zu schlafen. Ich fragte mich, ob einer dieser Männer mich jemals an einer Tankstelle treffen wollte. Ich habe mir vorgestellt, wie und wann.

An der Uni erzählte ich den Leuten, dass ich nicht an Beziehungen interessiert sei, weil ich dazu erzogen worden war, keinen vorehelichen Sex zu haben. Niemand stellte das infrage, denn ich war „der sonderbare Typ mit der merkwürdigen Erziehung". Sogar an der Universität, als ich von zu Hause wegzog, fürchtete ich Gott und sein wachsames Auge. Ich führte ein Tagebuch, schrieb aber meine Gedanken und Gefühle nicht auf, weil ich Angst hatte, Satan könnte es herausfinden oder Gott mich verurteilen. Ich ging auf die Knie und betete, dass ich mich ändern würde. Zu dieser Zeit fing ich an, Serien wie *Skins – Hautnah* und Sendungen mit schwulen Typen zu sehen. Ich weinte immerzu bei dem Gedanken, dass ich niemals so sein würde wie sie.

Mit 25 wusste ich, dass ich mich nur zu Männern hingezogen fühlte. Der Stress wurde mir zu viel, und das ständige Verstellen gab mir das Gefühl, ich würde sterben, wenn ich mich nicht an mein Coming-out heranwagte. Ich schickte eine E-Mail an meine Eltern, in der ich schrieb: „Ich bin schwul, aber ich werde nie eine Beziehung haben. Ich bin immer noch ein Christ. Ich glaube immer noch an Gott. Ich werde nicht in die Hölle kommen, darüber müsst ihr euch keine Sorgen machen. Ich oute mich, damit ich ehrlich zu den Menschen um mich herum sein kann." Ich ging davon aus, meine zehn Geschwister nie wiederzusehen, also bedurfte es dafür schon Überwindung meinerseits. Meine Eltern antworteten innerhalb eines Tages und sagten: „Das ist in Ordnung. Jeder hat mit seinen eigenen Sünden zu kämpfen, aber wir sehen nicht ein, warum du dich öffentlich outen musst. Wir erzählen der Welt nicht von unseren Sünden."

Es wurde schnell klar, dass sie mitnichten damit einverstanden waren. Innerhalb von drei Monaten kündigte ich meinen Job und zog nach Sheffield, um einer Kirche beizutreten. Wenn ich ein zölibatärer schwuler Mann sein wollte, so dachte ich, könnte ich mein Leben genauso gut Gott widmen, da ich ohnehin alles für ihn aufgeben würde. Ich hatte die Möglichkeit, an dem Trainingsprogramm für kirchliche Führungskräfte teilzunehmen und dachte, das Jahr nutzen zu können, um zu beschließen, ob ich mich für Gott oder das Schwulsein entscheiden würde.

Um eine Partnerschaft zu haben, müsste ich die Kirche und meine Familie verlassen, aber wenn ich mich für die Kirche entscheiden würde, wäre meine einzige Beziehung immer mit Jesus.

Schaue ich mir heute meine Tagebücher an, kommt es mir vor, als hätte ich eine Liebesaffäre mit Gott gehabt. Ich habe Dinge geschrieben wie: „Ich werde nie eine Beziehung haben. Die ganze Liebe, die ich brauche, kommt von Jesus."

Ich hatte ein Date mit jemandem aus der Gemeinde. Die Leiter fanden das heraus und sagten mir, ich könne nicht mehr an dem Führungsprogramm teilnehmen. Ich durfte auch nicht mit den Kindern oder Jugendlichen befreundet sein, weil ich „einen schlechten Einfluss" hätte. Also habe ich Sheffield verlassen.

Die Kirche thematisierte massiv den Kampf der Engel gegen die Dämonen: Satan ist real und befindet sich im Krieg mit Gott.

Bevor man mich rausschmiss, schlug man mir vor, an einer Gebetsstunde teilzunehmen, in der ich mich von meinen bösen Geistern befreien könnte.

Sie erwähnten, dass ich versuchen könnte, meine Sexualität zu ändern. Daraufhin stimmte ich einem Exorzismus zu. Ich saß mit einem älteren, betenden Paar an einem Tisch. Sie holten ein dünnes Gebetspapier hervor, auf dem stand: „Ich bereue den Lebensstil der Homosexualität. Ich breche den Pakt, den ich mit Satan gemacht habe, dass ich schwul bin, und ich bitte, das Blut Jesu möge über mein Leben kommen, um mich von Homosexualität reinzuwaschen."

Sollte mein Körper daraufhin Reaktionen zeigen, so sagten sie mir, bedeute das, dass der Dämon in mir bleiben wolle. Daher müsse ich ihn noch stärker vertreiben und die Gebete noch eindringlicher wiederholen. Es war traumatisch. Ich erinnere mich, dass ich mir krampfhaft den Bauch hielt, die Schultern hochzog und mein Kinn gegen die Brust drückte. Es fühlte sich an, als zerquetschte ich etwas in mir selbst. Danach war ich wochenlang zu verängstigt, um einen Mann auf der Straße auch nur anzuschauen.

Das war vor vier Jahren. Ich habe mit meinen Eltern komplett gebrochen, nachdem ich meine Mutter gefragt hatte, ob es in Ordnung sei, wenn ich zu Weihnachten einen Mann mit nach Hause brächte, und sie sagte: „Was wäre, wenn dein Bruder einen Hund mit nach Hause brächte, mit dem er eine sexuelle Beziehung hat?“ Ein paar Jahre lang hatten meine Geschwister zu viel Angst, um sich mit mir in Verbindung zu setzen. Inzwischen haben sie sich aber wieder gemeldet und sind von zu Hause ausgezogen, nachdem sie gemerkt haben, dass unsere Eltern völlig durchgeknallt sind. Sie betrachten das Christentum jetzt als etwas „Böses“, und ich lebe glücklich mit meinem Freund, mit dem ich seit drei Jahren zusammen bin (er war mein erster Kuss mit 29).

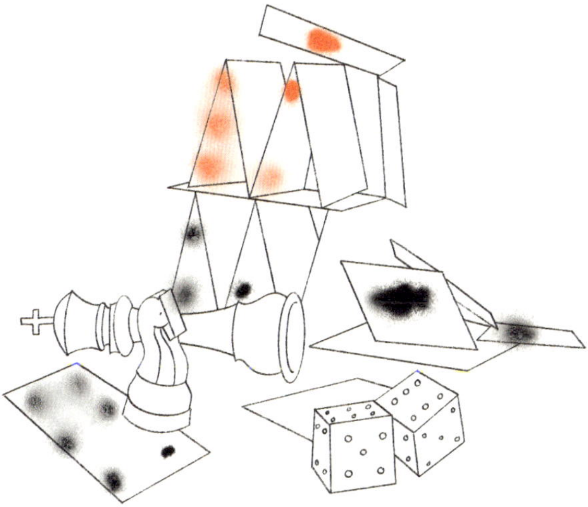

27, Santa Monica, USA

Aus und vorbei

Als bei mir im Jahr 2018 Krebs diagnostiziert wurde, begann ich, viele Dinge infrage zu stellen. Ich wachte eines Morgens mit wahnsinnigen Schmerzen in meiner Blinddarmgegend auf. Man brachte mich sofort ins Krankenhaus, wo man einige Screenings durchführte und mich innerhalb weniger Stunden in den OP schickte. Wie sich herausstellte, hatte ich einen Tumor. Im darauffolgenden Jahr musste ich mich vielen Operationen und Chemotherapien unterziehen. Bei einer Krebsdiagnose geht es nie allein um Krebs; es gibt noch etliche andere blöde Dinge, die damit auftauchen.

Nachdem ich mir die Haare abrasiert hatte, sah ich mich selbst auf eine Art und Weise wie nie zuvor. Irgendwie konnte ich mich jetzt durch meine eigene Brille sehen und nicht durch die der anderen. Ich wurde offener und begann, meine Identität zu hinterfragen. Und sobald ich damit anfing, war es mit meinem alten Ich aus und vorbei.

Ich hatte seit drei Jahren einen Freund und wir lebten zusammen. Wir sahen uns oft *Love Island – Heiße Flirts und wahre Liebe* an, vor allem, als ich mich von der Chemotherapie erholte. Wir sprachen über Attraktivität und Sexualität, und ich fragte mich, ob auch andere Heteromädchen Frauen ansahen und meinten, dass auch sie schön seien. Für mich war es aufregender, Frauen anzuschauen als Männer. Mein Freund wusste, dass ich Dinge hinterfragte. Eines Tages saßen wir auf der Couch und ich sagte: „Weißt du, ich glaube, ich bin bi." Monatelang hatte ich mit diesem Gedanken gespielt. Er fragte: „Liebst du mich noch? Willst du mit mir zusammen sein?" Und ich sagte: „Ja und ja." Ein Jahr später trennten wir uns. Ich weiß, dass er die Stadt verlassen und sich gefragt hat, worum es in diesem letzten Jahr ging … Ich wollte ihn nicht verwirren oder ihm das Gefühl geben, dass alles eine Lüge war, denn das war es nicht. Die Liebe war da, und sie war echt.

Nach unserer Trennung sprachen wir nicht mehr miteinander, und ich klammerte mich zwei Monate lang an meine Heterosexualität, bis ich zu meinem ersten Date mit einem Mädchen ging. Gleichzeitig lernte ich während der Covid-Pandemie, mich wirklich selbst zu lieben.

> Damals wurde mir klar, wie sehr meine Beziehungen zu Männern und meine Anziehungskraft auf sie mit dem Wunsch zusammenhingen, dass sie mir Bestätigung geben.

Ich weiß jetzt, dass ich mir oft, wenn ich einen scharfen Typen sehe, beweisen will, dass er mich will. Ich habe es meiner Familie in einem Restaurant erzählt; es waren meine Wenigkeit, mein Bruder und meine Eltern. Wir spielen gerne am Tisch zusammen, besonders *Wer bin ich?* Als ich an der Reihe war, sagte ich: „Ich habe euch etwas Aufregendes zu erzählen! Ihr werdet es nie erraten." Beinahe scherzhaft sagte mein Vater prompt: „Ich weiß es! Du bist gay!" Wir haben alle gelacht. Es war ihnen völlig schnurz.

Zwei Jahre später, nachdem ich eine Zeit lang nur mit Frauen ausgegangen war, unterhielten meine Mutter und ich uns in ihrem Zimmer, als sie nebenbei fragte: „Nur um das klarzustellen, du fühlst dich sexuell zu Frauen hingezogen, nicht wahr?" Ich wäre vor Lachen fast in Ohnmacht gefallen. Es war so putzig und absurd.

22, Leeds, England

Sie werden Ihren Sohn verlieren

Als ich elf Jahre alt war, sah ich mit meiner Mutter fern, und damals gab es den ersten Kuss zwischen zwei Schwulen im TV. Das war ein bahnbrechender Moment in Großbritannien. Sie stand auf, schaltete den Fernseher aus und murmelte etwas wie: „Das müssen wir nicht sehen." Ich weiß noch, dass ich dachte, hey, das ist eindeutig nicht richtig, aber warum? Ich fragte mich, ob alle so dachten oder ob das nur in meiner Familie so war.

Während meiner Kindheit in einem kleinen Dorf in Nordengland kannte ich niemanden, der schwul war. Es war nicht wie heute, in den Medien wurde nicht viel darüber berichtet. Keiner sprach darüber. Die Stigmatisierung war groß; wenn jemand schwul war, hielt er es wahrscheinlich geheim.

Ich habe mich mit 22 geoutet. Ich wusste es schon eine Weile, nahm mir aber vor, es meiner Familie erst zu sagen, wenn ich einen Partner hätte. Dann lernte ich Luke kennen. Wir hielten unsere Beziehung sehr geheim. So fuhren wir mit dem Wagen meilenweit weg, um uns zu verabreden und essen zu gehen, weil ich befürchtete, dass man uns zusammen sehen könnte. Wir standen an einem Scheideweg, als wir uns in Lukes Familie geoutet hatten, aber in meiner Familie niemand davon wusste. Auf der einen Seite waren wir offen, auf der anderen Seite war es ein absolutes Geheimnis. Ich konnte sehen, dass die beiden Wege sich kreuzen würden, und das war Luke gegenüber nicht fair.

Ich nahm mir eine Woche frei, bevor ich es meiner Mutter erzählte. In dieser Zeit ging es mir sehr schlecht, weil ich so viel nachgedacht hatte. Es war eine stressige Zeit, und ich bin ein paar Tage lang nicht aus dem Bett gekommen. Eines Morgens kam meine Mutter in mein Schlafzimmer, riss die Vorhänge auf und sagte: „Du bist nicht krank", gefolgt von: „Hast du jemanden geschwängert?" Ich sagte: „Ganz im Gegenteil." Ich erklärte ihr die Situation, und sie erwiderte: „Ich muss weg und das erst einmal verdauen." Das war die letzte Nacht, die ich im Haus meiner Mutter verbracht habe. Ich bin gegangen, um ihr etwas Zeit zum Nachdenken zu geben. Als ich zurückkam, hatte sie alle meine Habseligkeiten in Müllsäcke gepackt und sie ins Wohnzimmer gestellt.

Meine Mutter machte mir einen Strich durch die Rechnung, es meinem Vater selbst zu sagen. Er erfuhr es von Dritten, und das war genau das, was ich nicht wollte. Er sagte: „Das ist nicht richtig, ich habe dich nicht so erzogen. Ich will nicht, dass du so bist." Dann bot er mir etwas Geld an, um der „schwulen Phase" den Garaus zu machen.

Was erwartete er von mir?
Dass ich das Geld nehme, einen Vertrag
unterschreibe und mir eine
Freundin suche?

Mein Coming-out hat viele meiner Beziehungen zerstört. Die Menschen, von denen ich dachte, sie würden es akzeptieren, taten es nicht, und die Menschen, von denen ich glaubte, sie würden es nicht verstehen, taten es. Ich habe alles falsch verstanden. Sobald jemand davon erfuhr, verbreitete sich die Nachricht wie ein Lauffeuer. Die Leute schrieben mir morgens um vier Uhr Dinge wie „Ist es wahr?" Letztlich musste ich mein Handy für ein paar Tage abschalten.

Als meine Mutter mich rauswarf, konnte ich nirgendwo hin, und mit meinem Vater habe ich nach seinem Geldangebot nicht mehr gesprochen. Ich hatte kein Geld, denn ich war immer noch Student. Mir blieb nichts anderes übrig, als bei Lukes Familie zu wohnen. Dort blieben wir ein paar Monate, bevor wir unsere eigene kleine Wohnung fanden. Wir zogen viel früher zusammen, als uns lieb war – wir waren erst sechs Monate zusammen und lernten uns gerade erst kennen. Das führte in den ersten Jahren zu vielen Reibereien. Wir wurden fast dazu gezwungen, zusammenzuziehen, es geschah unfreiwillig.

Wir konnten es uns nicht leisten, einen Fernsehapparat zu kaufen. Als meine Mutter meine Sachen gepackt hatte, hatte sie meinen Fernseher nicht dazugestellt. Ich schickte ihr eine Nachricht, in der ich sie darum bat, aber sie antwortete: „Den habe ich dir zu deinem 21. Geburtstag gekauft, also bleibt er hier." Schließlich ging ich mit der Quittung zur Polizei, um zu beweisen, dass er mir gehörte.

Erst vier Jahre später habe ich wieder mit meinen Eltern gesprochen. Ich sah meinen Vater zum ersten Mal, als Luke und ich zur Geburtstagsparty eines Familienmitglieds eingeladen waren; wir gingen hin, weil es das erste Mal war, dass unsere beiden Namen auf der Einladung standen. Mein Vater und ich gingen uns die ganze Zeit aus dem Weg, aber Luke sprach ihn an, um mit ihm zu reden. Offenbar hat er ihn gewarnt: „Ich gehe nirgends hin. Entweder Sie akzeptieren es, oder Sie werden Ihren Sohn verlieren."

Ein paar Tage später lud er mich zu einem Drink ein. Seitdem sind zehn Jahre vergangen und wir haben es geschafft, unsere Beziehung zu erneuern. Natürlich war es nicht einfach, und es geschah schrittweise. Luke und ich sind jetzt seit dreizehn Jahren zusammen, wir sind verheiratet und haben zwei kleine Kinder.

In den vergangenen zehn Jahren hat sich eine Menge verändert. Wir sind in der Familie voll akzeptiert. Manchmal kommen wir uns vor wie Promis, wenn wir sie zu Hause besuchen. Dann heißt es immer: „Seht euch unseren Michael und Luke mit ihrer wunderschönen Familie an!" Ich kann nicht anders, als verbittert zu sein. Warum konnte es nicht von Anfang an so sein? Wozu all die Jahre des Leidens, wenn es von Anfang an so hätte sein können? Was für eine Verschwendung von kostbarer Zeit und was für ein Herzschmerz.

Ich habe mich vor meinem Vater, einem 70-jährigen arabischen Juden, mit einer extrem langen E-Mail mit dem Titel „Ich habe Neuigkeiten für dich!" geoutet. Ich würde sie dir gerne zeigen, aber da Gmail E-Mails nicht länger als zehn Jahre speichert, konnte ich sie nicht finden. Glaube mir, es war einer meiner besten Texte, und er war satte vier A4-Seiten lang. Es war die perfekte Mischung aus Sarkasmus und tief empfundener Ehrlichkeit.

Wenn ich mich richtig erinnere, begann er mit:

„Mach dich auf was gefasst. Du solltest dir einen Kaffee kochen, bevor du anfängst, das hier zu lesen."

Ich erklärte ihm zunächst, dass ich mehrmals versucht hatte, es ihm persönlich zu sagen, und dass ich vor lauter Angst wochenlang nicht schlafen konnte. Und dass ich nicht wusste, ob das, was ich ihm jetzt sagen würde, ein Schock für ihn wäre oder ob er es sich bereits selbst gefragt hätte. Ich äußerte Schuldgefühle, weil er keinen Schwiegersohn haben würde und weil sein einziges Kind, seine einzige Tochter, einen unkonventionellen Weg eingeschlagen hatte und ich mir wünschte, es wäre anders. Ich hätte Verständnis dafür, schrieb ich, dass es ihm unangenehm sein könnte, die Neuigkeiten unsere weitere Familie wissen zu lassen.

Ich erzählte ihm, dass ich versucht hatte, Jungs zu mögen, es sich jedoch nie richtig angefühlt hatte, dass es keine Wahl gab. Dass es nicht die Vorstellung war, die ich von mir und meinem Leben hatte, und dass das Schwierigste daran war, es zu akzeptieren. Ich erinnere mich besonders an eine Zeile, die lautete:

„Es könnte schlimmer sein. Wenigstens bin ich nicht heroinsüchtig."

Ich verabschiedete mich mit den Worten: „Nimm dir Zeit. Wenn du eine Woche oder einen Monat brauchst, bevor du dich bei mir meldest, ist das okay. Es tut mir leid, dass ich dir das in einer E-Mail erzähle. Ich weiß nur, dass ich persönlich nicht in der Lage wäre, die richtigen Worte zu finden."

Ich schickte ihm die Mail um 23 Uhr und dachte, er würde sie nicht vor dem nächsten Morgen lesen. Er war jedoch zu der Zeit noch wach und spielte Solitaire auf seinem iPad. Offenbar hat er sie sofort gelesen und die ganze Nacht nicht geschlafen. Um sieben Uhr morgens rief er mich an und sagte: „Na und, was ist schon dabei, Süße?" Er hatte es schon immer „geahnt", aber darauf gewartet, dass ich es ihm sagte, wenn ich meinte, die Zeit sei jetzt dafür gekommen. Diese Antwort ließ sofort die Luft aus der ganzen Sache, und ich ärgerte mich darüber, daran gezweifelt zu haben, dass seine Antwort genau so ausfallen würde. Am nächsten Abend gingen wir essen und sprachen offen darüber. Alle meine Sorgen schmolzen schnell dahin.

Andererseits konnte ich nicht umhin, mich darüber zu ärgern, dass er mich nicht einfach gefragt und das Gespräch früher begonnen hatte.

An alle Eltern, die das hier lesen: Wenn ihr den Verdacht habt, dass euer Kind schwul oder lesbisch sein könnte, fragt es bitte einfach und erspart ihm oder ihr die Ängste und Sorgen.

29, Leeds, England

Diese unausgesprochene Sache

Ich hatte meine erste Beziehung mit einem Mädchen, als ich neunzehn war. Zwei Jahre lang verheimlichte ich es vor allen Menschen, die mir am nächsten standen, sogar vor meinen Freunden an der Uni. Es war, als führte ich ein Doppelleben, und das war anstrengend. Innerlich kämpfte ich dagegen an und hoffte, dass sich die Dinge ändern würden. Dass ich am Ende einen Mann heiraten, Kinder bekommen und all die traditionellen Dinge tun würde, von denen ich wusste, dass sie meine muslimische Familie stolz machen würden.

Es dauerte zehn Jahre, bis ich mich vor meiner Familie outete; irgendwann konnte ich es nicht mehr geheim halten. Obwohl ich aus einer westlich orientierten Familie stamme, ist es für eine pakistanische Muslima normal, eine arrangierte Ehe zu führen. Ich hatte meinen Eltern grünes Licht gegeben, nach einem Ehemann für mich zu suchen, und der Gedanke war: Wenn mir jemand vorgestellt würde, der mir gefiel, so wäre es meine Entscheidung, ob ich mich auf ihn einlassen würde. Ich vertraue dem Urteilsvermögen meiner Eltern, und es war sinnvoll, dass sie ein Mitspracherecht bei der Wahl meines zukünftigen Partners hatten. Das Problem war nur, dass sie zu gut darin waren. Sie stellten mir mehrere Männer vor; alle waren intelligent, erfolgreich, witzig und gut-aussehend – theoretisch die idealen Ehemänner. Mit einigen ging ich aus. Es gab an ihnen nichts auszusetzen, bei jedem erkannte ich, wie attraktiv er war.

Ich konnte meinen Eltern gegenüber nicht ständig irgendwelche Geschichten erfinden, warum sie nichts für mich waren. Die Zeit verging, und ich fand heraus, dass einer von ihnen bei meinen Eltern um meine Hand angehalten hatte. Als es so weit war, wusste ich, dass ich nicht mehr lügen konnte.

Als Erstes habe ich mich vor meinem jüngeren Bruder geoutet. Es war nicht geplant. Wir unterhielten uns am Telefon, und ich brach zusammen. Er war wirklich schockiert; hatte keine Ahnung. Ich weiß noch, dass ich dachte, wie gut ich geschauspielert haben muss. Er war meinetwegen traurig und wegen der Tatsache, dass ich diese Bürde jahrelang allein getragen hatte.

Meine Mutter erfuhr es zwei Jahre später durch meine Tante, der ich es erzählt hatte. Ich bat sie, es meiner Mutter zu sagen, wenn sich jemals die Gelegenheit bot, denn ich hatte nicht den Mut, es selbst zu tun. Es war sehr schwierig; sie war verzweifelt. Ich war ihre einzige Tochter, also stellte sie Erwartungen an mich: eine eigene Familie gründen, eine schöne traditionelle Hochzeit, Enkelkinder. Es ihr zu sagen war, als nähme ich ihr all diese Dinge auf einmal weg. Sie konnte mir eine Woche lang nicht in die Augen schauen. Ein paar Monate später zog ich aus. Ich dachte, es wäre einfacher, mich ganz aus der misslichen Lage herauszumanövrieren, als ihr jeden Tag gegenüberzustehen. Zu Hause herrschte eine unbehagliche Stimmung. Mein Vater wusste immer noch nichts davon, und ich fühlte mich schrecklich, weil meine Mutter allein damit zurechtkommen musste, ohne dass sie sich ihm anvertrauen konnte.

Wochen vergingen und meine Mutter erzählte es schließlich meinem Vater. Er setzte sich mit mir zusammen; wir hatten ein nettes Gespräch, in dem er im Grunde sagte: „Du bist meine Tochter und ich unterstütze dich, auch wenn ich es nicht verstehe." Um ehrlich zu sein, hätte ich mir nicht mehr wünschen können. Es ist komisch, wie falsch ich lag. Ich war ein weibliches Muttersöhnchen und hatte erwartet, dass sie mitfühlend sein und mir ihre Hilfe anbieten würde. Mein Vater hingegen war ein strenger, traditionsbewusster Asiat der alten Schule; ich hätte nie gedacht, dass er so viel Akzeptanz zeigen würde.

Meine Mutter und ich begannen schließlich wieder miteinander zu sprechen, aber meine Sexualität war eine unausgesprochene Sache zwischen uns. Ich glaube, sie wollte es nicht wahrhaben und dachte, wenn sie es nicht anspricht, würde das Thema vom Tisch verschwinden. Über mein Privatleben wurde nie geredet. Zwei Jahre später, als ich ein Jahr in meiner Beziehung war, sprach ich das Thema zum zweiten Mal mit ihr an. Ich war verletzt und hatte das Gefühl, mich für meine Beziehung schämen zu müssen, dass ich nicht nach Hause kommen und einfach ich selbst sein konnte. Meine Brüder konnten frei über ihre Freundinnen reden, und ich war neidisch und verärgert, dass ich das nicht auch durfte. Ich konnte nichts von den Urlaubsplänen mit meiner Partnerin erzählen oder was wir für unsere Geburtstage geplant hatten. Ich musste jedes Gespräch um viele Punkte kürzen und alle Einzelheiten, die mir am wichtigsten waren, unter den Tisch kehren.

Im Wesentlichen habe ich meiner Mutter gesagt: „So bin ich nun mal, und wenn du das nicht akzeptieren kannst, kann ich nicht in deinem Leben sein, so sehr ich dich auch liebe."

In den darauffolgenden Monaten änderte sich alles. Es war nicht so, dass sie mich nicht mehr um sich haben wollte, aber sie kämpfte damit, mit der neuen Realität klarzukommen. Sie sagte mir, ich solle verstehen, dass sie dafür Zeit brauche. Heute, ein Jahr später, nennt sie meine Partnerin ihre „zweite Tochter"; sie fragt immer nach ihr oder kauft ihr Geschenke und schickt Blumen zu ihrem Geburtstag. Dieses Jahr hat sie sogar eine Paarmassage für meine Partnerin und mich für den Valentinstag gebucht. Ich hätte nie gedacht, dass sie sich derart schnell so weit öffnen würde, und es ist schön zu sehen, wie die Verbundenheit zwischen den beiden wächst.

Mein älterer Bruder weigert sich allerdings, das zu akzeptieren. Es ist schon ein paar Jahre her, seit wir das letzte Mal miteinander gesprochen haben, und ich habe nicht vor, jemals wieder mit ihm zu reden. Er hat zwei kleine Kinder, und weil ich lesbisch bin, darf ich sein Haus nicht besuchen; ich bin dort nicht willkommen. Als wir das letzte Mal miteinander sprachen, sagte er mir, er und seine Frau hätten „eine unsichtbare Barriere errichtet, um die Kinder zu schützen". Seine Frau glaubt, dass ich einen negativen Einfluss auf sie haben werde, als ob sie sich mit dem Lesbischsein anstecken könnten. Das Schlimmste aber ist, dass sie Hausärztin ist. Es ist traurig, aber ich hoffe, dass die Kinder, wenn sie älter werden, lieber Zeit mit mir verbringen, als sich von ihren Eltern das Leben vorschreiben zu lassen. Es entgeht ihnen, eine liebevolle Tante zu haben, die sich wirklich um sie kümmert. Ich hoffe, dass sie zu lieben Menschen ohne Vorbehalte heranwachsen, anders als ihre Eltern.

32, London, England, über Iran

Der Preis, den man zahlt

Ich habe erst in meinen frühen Dreißigern gemerkt, dass ich bi bin. Jahrelang hielt ich mich für eine heterosexuelle Frau und bin mit vielen Männern ausgegangen. Der Sex mit ihnen gefiel mir, und ich war in sie verliebt. Mir war nicht bewusst, dass ich bi bin, weil ich meine Sexualität nie infrage gestellt habe. Die Gesellschaft sagt dir, dass Heterosexualität normal ist. Wenn du also schon auf Männer stehst, warum solltest du das weiter hinterfragen?

Dann aber lernte ich auf Londoner Partys Lesben kennen. Ich war aufgeregt und fasziniert von etwas Neuem. Androgynität fand ich plötzlich verlockend, Alpha-Energie sehr ansprechend. Nach ein paar Begegnungen mit androgynen Lesben wurde mir klar, dass meine Sexualität mehr zu bieten hatte, als ich dachte. Hätte ich solche Frauen früher kennengelernt, wäre mir das vielleicht schon früher klar geworden. Viele Leute denken, dass man nicht mehr bi ist, wenn man mit jemandem zusammen ist, der oder die das gleiche Geschlecht hat, aber das ist bei mir nicht der Fall. Ich bin stolz darauf, bisexuell zu sein.

Mein Coming-out war eine sehr emotionale Angelegenheit für mich. Meine Mutter war schockiert, als ich es ihr offenbarte. Ich stamme aus dem Nahen Osten, sie ist Iranerin. Eines der ersten Dinge, die sie sagte, war: „Lesben können nicht anders, aber du bist einfach nur gierig." Es gab Momente, in denen sie fasziniert war, und manchmal wollte sie mehr darüber sprechen. Ich war sehr stolz darauf, ihr zu sagen: „Das ist es, was ich bin. Ich schäme mich nicht. Es hat lange gedauert, bis ich es herausgefunden habe, und ich will es mitnichten verheimlichen."

Mein Vater ist Engländer und war in dieser Hinsicht etwas lockerer. Meine Mutter hat es ihm eines Tages erzählt. Ich war in meinem Zimmer, als er an die Tür klopfte, im Türrahmen stand und sagte: „Ich finde es wirklich gut, dass du bisexuell bist. So hast du mehr Möglichkeiten, dich zu verlieben." Dann fügte er im Flüsterton hinzu: „Sag es nicht deiner Mutter, dass ich das gesagt habe." Ich fand das wirklich süß. Ich bin mir nicht sicher, ob es wirklich Sinn ergibt, aber es klang bei ihm so unschuldig. Zu der Zeit war er achtzig Jahre alt.

Im Iran wird Homosexualität mit dem Tod bestraft. Das Land ist jedoch eines der wenigen muslimischen Länder, die transsexuelle Menschen anerkennen. Deshalb sind einige schwule Männer gezwungen, sich einer geschlechtsangleichenden Operation zu unterziehen, um ein Leben ohne Angst vor einer Hinrichtung führen zu können. Der dahinterstehende Gedanke ist: Männer, die Sex mit Männern haben, sind verboten, aber eine Transfrau, die Sex mit einem Mann hat, wird akzeptiert. Traurigerweise werden diese Frauen oft zu Prostituierten.

Früher bin ich jedes Jahr in den Iran gereist, aber das ist jetzt nicht mehr möglich. Auf Instagram gehe ich sehr offen mit meiner Sexualität um, daher kann ich es nicht riskieren, dorthin zu fliegen, zumal ich jetzt mit einer Frau verlobt bin. Ginge ich zurück, würde ich Gefahr laufen, verhaftet oder getötet zu werden.

Es macht mich sehr traurig, dass ich nicht in das Geburtsland meiner Mutter zurückkehren kann, vor allem, weil sie vor ein paar Jahren verstorben ist. Aber das ist der Preis, den man für die Liebe zahlt und dafür, dass man stolz auf seine Liebe ist.

Im Iran ist jede Form sexueller Aktivität außerhalb einer heterosexuellen Ehe verboten und sittenwidrig. Gleichgeschlechtliche sexuelle Handlungen werden mit Gefängnis, körperlicher Züchtigung, Geldstrafen oder Hinrichtung geahndet. Schwule Männer werden nach dem Gesetz strenger bestraft als Lesben. Die Strafe für Homosexualität für Männer ist der Tod, für Frauen bis zu hundert Peitschenhiebe.

Der Iran gilt als einer der repressivsten Orte der Welt für lesbische, schwule, bisexuelle und transsexuelle Menschen (www.cbsnews.com/news/gay-iranian-fights-for-asylum-in-europe). Im Jahr 2021 richtete der Iran 299 Schwule hin und verurteilte weitere 25 zum Tode. Man schätzt, dass seit 1979 Hunderttausende iranische Bürgerinnen und Bürger aus diesem Grund getötet wurden.

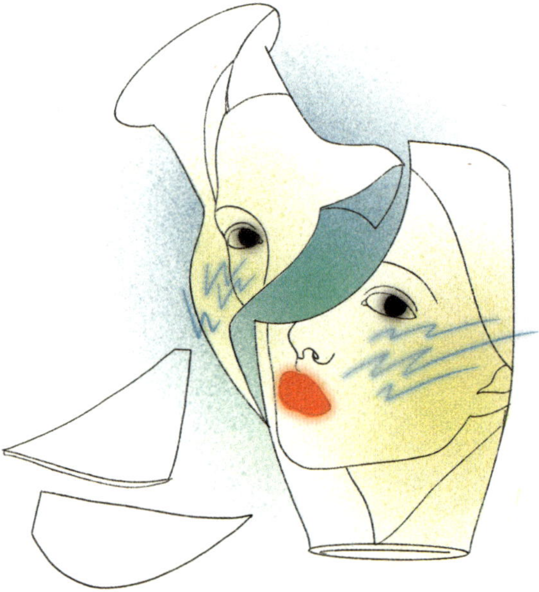

26, Florida, USA

Das Zwölf-Schritte-Genesungsprogramm für sexuelle Zerrissenheit

Mein Vater war hawaiianischer und japanischer Abstammung. Er lernte meine Mutter, die Schwedin und Deutsche ist, im Norden Floridas kennen. Obwohl unsere Familie multiethnisch und offen für alle Religionen war, waren die Gemeinden, in denen wir aufwuchsen, es nicht. In den Schulen, die wir besuchten, in den Kirchen, in die wir gingen, und in den anderen Organisationen, denen meine Familie angehörte, war der Umgang mit diesen Themen sehr schwarz-weiß. Die Leute wussten nicht, was sie von uns halten sollten, weder im Hinblick auf unsere Hautfarbe noch in ethnischer Hinsicht.

Als Kind hatte ich viele Fragen: Bin ich eher Hawaiianer oder Japaner? Ich glaubte nie, ein Weißer zu sein. Mit der Zeit stellte ich fest, dass mein Unbehagen auch mit meinem Geschlecht zu tun hatte. Es machte mich beklommen, dass ich mich wegen all dieser Kleinigkeiten anders fühlte. Mir wurden Fragen gestellt wie: „Was bist du?“ Die Leute bezogen sich auf meine ethnische Herkunft, wollten aber auch wissen, ob ich ein Junge oder ein Mädchen bin. Das wollte ich geraderücken.

Als Teenager hatte ich nicht nur den Eindruck, dass etwas an mir anders war, sondern auch, dass etwas nicht stimmte, als ob ich nicht richtig funktionierte. Ich glaubte, das rechtfertige einen Versuch, mich einer Art Selbstheilung zu unterziehen. Als ich sechzehn war, sprach ich mit meinen Eltern und sagte ihnen, dass ich mit meiner Sexualität zu kämpfen hätte und dass ich mich durch die Verwirrung traurig, verzweifelt und einsam fühlte. Dass ich mir Hilfe holen wollte. Und so nahm ich von 16 bis 22 freiwillig an einer Konversionstherapie teil und traf mich regelmäßig mit christlichen Pastoren und Leitern in meiner Kirche, um zu versuchen, mich zu „heilen“. Ich besuchte auch eine Kirche, die behauptete, ein Zwölf-Schritte-Programm zur Genesung von „sexueller Zerrissenheit“ anzubieten.

In meinem Fall bestand die „Zerrissenheit“ aus gleichgeschlechtlicher Anziehung und Geschlechtsverwirrung.

Die Konversionstherapie verläuft je nach Situation anders. Bei manchen Menschen vollzieht sie sich auf klinische Weise, indem sie Techniken aus der kognitiven Verhaltenstherapie anwenden und sich an deren philosophischen Theorien orientieren. Die Therapeuten versuchen, dir zu helfen, ein traumatisches Ereignis in deiner Kindheit zu entdecken. Sie betrachten das Dasein der LGBTQIA+-Menschen allenfalls als eine Überlebensanpassung, als eine Reaktion auf etwas Schlimmes, das dir widerfahren ist.

Meine Berater waren allesamt Christen. Sie predigten, dass Gott die Menschheit geschaffen habe und dass sie sich entfalten soll. Ein Teil dieses Gedeihens war mit der natürlichen Ordnung verbunden, und zwar ausschließlich mit der Heterosexualität der beiden Geschlechter. Ob es nun an der Natur oder an der Erziehung lag, ich wurde als innerlich zerrissene Person in dieser Welt angesehen. Die Vorstellung war: Ich würde umso geheilter, je mehr ich mich dem Bibelstudium und dem Freiwilligendienst widmete und desto mehr würde ich eine gesunde heterosexuelle Frau werden, die eindeutig auf ein Geschlecht festgelegt ist.

Während der Highschool bekam ich starke Angstzustände und Depressionen. Das beeinträchtigte mit der Zeit meine psychische Gesundheit und führte zu Autoimmunproblemen. Mir ging die Pigmentierung meiner Haut verloren, meine Haare fielen aus und ich hatte massive Schlafstörungen. Aber bei all dem dachte ich: Das ist das Leben, das Gott mir gegeben hat, auch wenn es Leiden bedeutet. Irgendwann gab ich die Hoffnung auf, mein Leben so weiterzuführen. Als ich das meiner damaligen Kirche mitteilte, bat man mich, die Gemeinde zu verlassen. Da ich dort arbeitete, verlor ich zugleich meinen Job. Ich wohnte bei Leuten aus meiner Kirche. Sie machten es mir jedoch in emotionaler Hinsicht und mit Blick auf das gesellschaftliche Leben unerträglich, dort zu bleiben, sodass ich auch meine Wohnung verlor.

Ich zog nach Kansas. Damals identifizierte ich mich als Lesbe und nahm einen Job bei einer christlichen LGBTQIA+-Organisation an, aber Ende 2017 wusste ich, dass ich keine cisgeschlechtliche Person war. Obwohl mich das erschreckte und ich mich verwundbar fühlte, wusste ich, dass mein Leben davon abhing, ehrlich zu mir selbst zu sein. 2018 habe ich mich erneut geoutet, als transgender und nichtbinär, und zwar als jemand, der Schritte unternehmen wollte, die in Richtung Maskulinisierung führten.

Meine Mutter zeigte keine positiven Reaktionen, bot mir keine Hilfe an, wollte das nicht akzeptieren, und unsere Beziehung ließ sich nicht mehr kitten. Sie hadert mit meinem Namen und meinen Pronomen, aber das geschieht nicht in böser Absicht. Ich denke, es hat bei ihr eher mit motorischem Lernen zu tun. Ich merke, dass sie sich aufrichtig bemüht, aber noch nicht in der Lage ist, mich so anzunehmen, wie ich bin. Was die Religion angeht, so bezeichne ich mich immer noch als Christin, aber es gibt eine Menge Vorbehalte.

Im Jahr 2022 wurde in Florida das Gesetz „Don't Say Gay“ eingeführt. Es soll „Diskussionen über die sexuelle Orientierung oder die Geschlechtsidentität in bestimmten Klassenstufen oder in bestimmter Art und Weise“ verbieten. Laut Gesetz ist es Lehrkräften an öffentlichen Schulen nicht erlaubt, „Diskussionen über die sexuelle Orientierung oder die Geschlechtsidentität in den ersten Klassenstufen zu fördern“.

Ab 2023 werden die Gesetzgeber der Republikanischen Partei in Florida das Gesetz wahrscheinlich um eine Reihe neuer Beschränkungen erweitern, die festlegen, was Lehrkräfte über Geschlecht, Sex und sexuelle Orientierung sagen dürfen und was nicht.

26, Phoenix, USA, über Japan

Ich bin, wie ich bin – und dafür bedarf es keiner Entschuldigung

Die Leute haben mir gesagt, dass sie es „schon immer gewusst haben". Anscheinend hat es wohl jeder kommen sehen, nur ich nicht. Ich hatte schon immer eine tiefe Stimme, war in der Ringermannschaft der Jungs auf dem College, spielte Softball und trug fast nur Jogginghosen. Ich war das klassische burschikose Mädchen. Als ich ein Teenager war, sorgte meine Mutter dafür, dass ich in der Schule Kleider trug. Ich packte jedoch immer ein anderes Outfit in meinen Rucksack und zog es an, sobald ich das Gebäude betrat. Sie hat mich ein paarmal erwischt und mir dafür Hausarrest erteilt.

Mit siebzehn verpflichtete ich mich beim US-Militär und diente sechs Jahre lang. In dieser Zeit gab ich mich als heterosexuelle Frau aus; davor hatte ich noch nie ein Mädchen geküsst. Es ist lustig, dass die Lesben dort sagten: „Du merkst es vielleicht nicht, aber du bist definitiv lesbisch". Ich habe mich dagegen gewehrt, weil ich wirklich keine Ahnung hatte und machte keine Anstalten, mir darüber klar zu werden.

Ich verliebte mich und verlobte mich mit achtzehn Jahren mit meinem Mann. Wir heirateten zwei Jahre später und haben jetzt zwei Söhne. Fünf oder sechs Jahre nach unserer Hochzeit begann ich, viel über mich selbst nachzudenken. Mein Mann war oft mit dem Militär unterwegs, und wir lebten zu dieser Zeit in Okinawa, Japan. Ich war weit weg von meiner Familie und meinen Freunden und entdeckte TikTok für mich. Da begann ich, Frauen auf eine ganz andere Art und Weise zu sehen, die ich vorher nie in Betracht gezogen hatte. Ich behaupte nicht, dass eine Social-Media-Plattform mir geholfen hat, meine Sexualität zu entdecken, gleichwohl gab sie mir den Raum, meine Gefühle zu erkunden. Ich hatte mir vorher nie die Zeit genommen, mir darüber Gedanken zu machen und begann, viele Dinge zu überdenken. Es fühlte sich auf einmal so an, als verleugnete ich mich selbst, als trüge ich eine große Last auf meinen Schultern.

Ein paar Monate vergingen, und ich wusste, dass ich mich zu Hause seltsam verhielt. Ich hatte versucht, innerlich mit den Dingen klarzukommen, und eines Abends konnte ich es einfach nicht mehr verheimlichen. Mein Mann spürte natürlich die Spannung zwischen uns und sagte: „Kannst du mir bitte verraten, was los ist? Warum bist du so komisch?" Ich konnte in seinen Augen lesen, dass er sich Sorgen machte, wollte aber nicht, dass er denkt, er hätte etwas falsch gemacht. In diesem Moment brach ich zusammen und sagte so etwas wie: „Ich glaube, es wird dich nicht schockieren, aber ..." Mein Mann verstand. Er sagte, er habe schon immer eine Ahnung gehabt und dass wir es gemeinsam ergründen werden.

Das war vor zwei Jahren, und wir sind immer noch verheiratet, also seit sieben Jahren. Ich war schon so lange auf ihn fixiert, jeden einzelnen Tag war er es, den ich wollte. Wir waren füreinander bestimmt und hatten geplant, für immer zusammen zu sein. Ich glaube, dass man im Leben mehrere Seelenverwandte haben kann; er ist meiner, nur nicht mehr in Sachen Liebe. Eine gut funktionierende Freundschaft zu haben ist manchmal schwierig, aber das ist unser wichtigstes Ziel. Wir brauchten beide Zeit für unsere Trauer um die Familiengemeinschaft, die wir uns vorgestellt hatten; er war betrübt wegen seiner Frau und ich wegen meines Mannes. Unser ältestes Kind ist ein nonverbaler Autist und benötigt viele Therapien und zusätzliche Betreuung. Daher gehen wir die Dinge langsam an, um herauszufinden, wie wir unser Leben nebeneinander führen können und dabei unseren Kindern bestmöglich zur Seite stehen. Wir kommen beide aus einem Haushalt ohne Vater und wollen sicherstellen, dass wir für unsere Söhne eine starke Familiendynamik aufrechterhalten. Irgendwann werden wir uns scheiden lassen, aber das ist nicht unsere oberste Priorität. Es geht nicht nur um uns, sondern auch um unsere Kinder und darum, getrennt, aber dennoch gemeinsam zu wachsen.

Man sagt, ich hätte das Leben meines Mannes ruiniert, dass ich sieben Jahre seiner Zeit verschwendet und ihn überrumpelt hätte, aber dem ist nicht so, und er weiß das. Er hat nie an meiner Liebe zu ihm gezweifelt. Er ist mein größter Unterstützer und bester Freund. Er hat mich nie verurteilt, sondern mir einfach erlaubt, mich selbst neu zu entdecken.

22, Tennessee, USA

Matthäus, Kapitel 6

Ich bin ein anglikanischer Priester und gehöre der Episkopalkirche an. Seit 2003 erlaubt die Episkopalkirche, dass Angehörige der LGBTQIA+-Szene zu Priestern und Bischöfen geweiht werden. Als die USA 2015 die Gleichstellung der Ehe gesetzlich beschlossen haben, hat die Episkopalkirche fast sofort damit begonnen, die Homo-Ehe zuzulassen.

Wir glauben, dass die übergreifende Botschaft der Bibel voller Liebe, Inklusion und Akzeptanz ist. Es gab schon immer LGBTQIA+-Menschen in der Kirche, es gab schon immer Transpersonen und gleichgeschlechtlich Liebende. Deshalb glauben wir, damit wir diese Menschen bekräftigen und respektieren, anerkennen zu müssen, dass sie die Kirche sind.

Ich wusste immer, dass ich schwul bin. Mein öffentliches Coming-out fand in der Kirche statt. Eine Studentenseelsorge hatte mich eingeladen, eine Predigt zu halten, und ich predigte über die Worte Jesu in Matthäus 6, wo er sagt: „Seht auf die Vögel des Himmels! Betrachtet die Lilien des Feldes. Ich sorge für sie, ich sorge auch für euch.“ Ich habe der Kirchengemeinde all diese vermeintlich hypothetischen, rhetorischen Fragen gestellt, zum Beispiel: „Worüber macht ihr euch heute Abend Sorgen? Sind es die Bewerbungen für die Graduiertenschule? Ist es deine Tante im Krankenhaus? Willst du deinem besten Freund sagen, dass du schwul bist?“ Natürlich habe ich die letzte Frage als hypothetische Frage gestellt, aber sie war echt.

Keiner hatte es verstanden und niemand ahnte, dass es genau so war. Mein Kaplan, ein guter Freund von mir, kam ein paar Tage später zu mir und sagte: „Hey, das war eine tolle Botschaft. Ich würde das gerne nachbesprechen.“ Wir gingen in sein Büro. Er setzte sich hin und sagte mit verdutztem Gesichtsausdruck: „Ich habe ein paar Fragen an dich. Er schaute zur Seite und kratzte sich am Kopf. „Hast du wirklich eine Tante im Krankenhaus?“

DAS STEREOTYPISCHE MUSTER

Ich habe festgestellt, dass die meisten Menschen ihrer Familie die Nachricht auf ähnliche Weise vermitteln.

Es geht in etwa so:

1. „Ich muss dir etwas sagen."
2. „Das ist wirklich schwierig."
3. „Ich wollte es dir schon lange sagen."
4. „Es ist nichts, was ich mir ausgesucht habe."
5. „Ich hoffe, du liebst mich noch."
6. „Ich bin immer noch derselbe Mensch."
7. „Ich hoffe, du kannst mich akzeptieren."
8. „Es tut mir leid, dass ich keinen Mann/keine Frau heiraten werde."
9. „Es ist nicht deine Schuld."
10. „Ich liebe dich, lass dir Zeit."

60, Norfolk, England

Section 28

Ich wurde 1963 in Norfolk geboren. In den 1970er Jahren ging ich dort auf eine weiterführende Schule und wurde ständig schikaniert und als „schwul" bezeichnet. Ich zog nach London und hoffte, dort als Homosexueller Freiheit zu finden. Es war im ersten Jahr meines Lehramtsstudiums, als 1988 Section 28 verabschiedet wurde. Ich hatte das Gefühl, dass es für mich an der Zeit war, meine Homosexualität wieder zu verbergen.

Meine erste Anstellung als Lehrer fand ich 1991 in einem von Labour regierten Bezirk, in dem die sexuelle Orientierung im Arbeitsvertrag geschützt war. Vier Jahre später wechselte ich an eine kirchliche Schule, wo man gefeuert werden konnte, wenn man schwul war. Bevor ich die neue Stelle antrat, beschloss ich, mich in der Schule nicht zu outen; das war mir zu riskant.

In meiner späteren Karriere unterrichtete ich ältere Schülerinnen und Schüler, und da fiel mir auf, dass das Wort „schwul" als Schimpfwort verwendet wurde. Beleidigungen wie „Diese Lehrer sind so schwul" oder „Hör auf, schwul zu sein" wurden ständig in den Raum geworfen. Ich habe mich nie wohl oder sicher gefühlt, wenn ich Schüler:innen, die so sprachen, zur Rede gestellt habe. Zum Glück tat das unser Schulleiter, aber schließlich war er der Direktor, heterosexuell, verheiratet und hatte zwei Töchter, also war es für ihn in Ordnung, klare Kante zu zeigen.

Von Zeit zu Zeit sprachen die Schülerinnen und Schüler darüber, dass die Personen in Seifenopern oder Berühmtheiten lesbisch oder schwul seien. Das war ein Thema, das ich schnell abwiegelte, weil ich fürchtete, dass es als Förderung der Homosexualität angesehen werden könnte. Alles, was mit Homosexualität zu tun hatte, wurde aus den Klassenzimmern verdrängt, als ob es nicht existierte.

Ich war immer sehr darauf bedacht, meinen Partner den Lehrkräften gegenüber nicht zu erwähnen. Was sie anging, so lebte ich allein mit meinen beiden Katzen. Damals fand ich mich damit ab, dass es so sein musste; das war mein dargebrachtes Opfer, um Lehrer zu werden. Rückblickend bin ich wirklich traurig und enttäuscht, dass ich kein positives Vorbild für die LGBTQIA+-

Schüler:innen sein konnte, die sich zweifellos in den Klassenzimmern und auf den Fluren aufhielten und ebenfalls ihr wahres Ich versteckten. Ich bin mehr als wütend, dass ich gezwungen wurde, die Existenz meines Partners zu verleugnen; wir sind seit 33 Jahren zusammen. Aufgrund von Section 28 wurde den Schülerinnen und Schülern vorenthalten, dass homosexuelle Menschen feste, langfristige Beziehungen führen können.

Auch heute bin ich nicht davon überzeugt, dass die LGBTQIA+-Community in den Schulen offen sichtbar und vor körperlichem und verbalem Mobbing geschützt ist. Section 28 wirft einen langen Schatten auf die Bildung und ich glaube, dass „28“ immer noch die Ursache für die Verwirrung darüber ist, was mit Blick auf Beziehungen unterrichtet werden darf und was nicht. In Schulen ist man oft der Meinung, es sei besser, Themen der LGBTQIA+-Szene nicht zu erwähnen, weil man Angst vor den Konsequenzen hat, wenn sie auf den Tisch gebracht werden: Beschwerden von Eltern und die Einmischung der rechten Presse, die wie in den Achtzigern die Situation gerne anheizt. Es ist sehr wichtig, dass wir uns daran erinnern, dass der Preis der Freiheit ständige Wachsamkeit ist.

Section 28 war eine gesetzliche Bezeichnung für eine Reihe von Gesetzen in Großbritannien, die die „Förderung von Homosexualität“ durch die lokalen Behörden verbot. Diese Gesetze wurden von Margaret Thatchers konservativer Regierung eingeführt und waren von 1988 bis 2000 in Schottland und von 1988 bis 2003 in England und Wales in Kraft. Premierministerin Margaret Thatcher sagte damals: „Kindern, denen traditionelle moralische Werte beigebracht werden müssen, wird gelehrt, dass sie ein unveräußerliches Recht haben, homosexuell zu sein. All diese Kinder werden um einen guten Start ins Leben betrogen.“

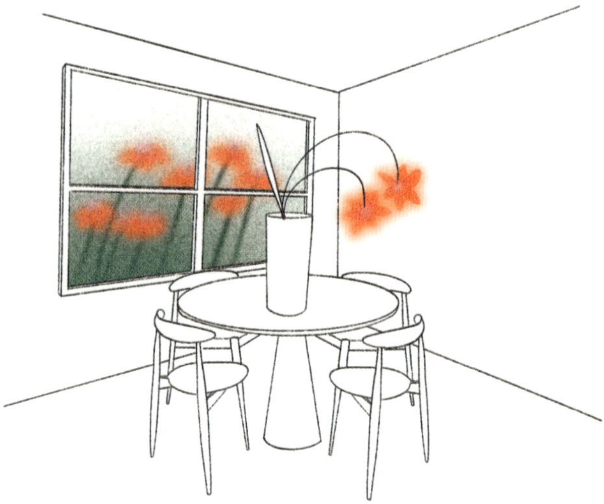

33, Kalifornien, USA, über Iran

Die Mitbewohnerin

Meine Coming-out-Geschichte ist ein bisschen anders, weil ich nichts von meiner Homosexualität ahnte. Es war nicht so, dass ich vor irgendjemandem ein Geheimnis hatte; ich „verheimlichte" nichts. Mit 33 Jahren entdeckte ich es zum ersten Mal.

Ich war auf der Suche nach einem Zimmer und trat einer Facebook-Gruppe für Frauen in Los Angeles bei, die nach Mitbewohnerinnen suchten. Ein Mädchen, nennen wir sie Grace, stellte einen Post ein, in dem es hieß: „Mache gerade eine beschissene Trennung durch. Suche jemanden für das freie Zimmer." Sie sah nett aus, also schickte ich ihr eine Nachricht, und wir verabredeten uns noch am selben Tag per FaceTime. Bevor wir uns unterhielten, folgte ich ihr auf Instagram, um herauszufinden, ob ich mir vorstellen könnte, mit ihr zusammenzuwohnen; dabei fand ich heraus, dass sie lesbisch ist.

Ich dachte mir nichts dabei. Ich war mein ganzes Leben lang nur mit Männern zusammen gewesen, mit einer lesbischen Frau hatte ich noch nie etwas zu tun gehabt.

Ich zog ein, und in den ersten Wochen war Grace sehr deprimiert: Sie wirkte kraftlos, trank jede Nacht in ihrem Zimmer, weinte und ging auf Partys. Es war während des Lockdowns, und ich arbeitete jeden Tag von zu Hause aus. Ich gab mein Bestes, um für sie da zu sein, aber das hat sie nicht interessiert. Abends war sie immer unterwegs und betrank sich. Ich machte mir Sorgen um sie, ungewöhnlich viele sogar, stellte mir vor, wie sie betrunken und allein in einer Bar saß. Machte mir Gedanken, wie sie nach Hause kommen würde, ob sie zu viel getrunken hatte und ob sie allein war. Ich schlief mit den Gedanken an sie ein.

Nach drei Wochen kam Grace' Tante zu Besuch. Ich weiß nicht, was es mit diesem Besuch auf sich hatte, aber es änderte sich etwas. Ihre Tante lobte mich immer wieder und sagte Grace, wie viel Glück sie habe, mit mir zusammenzuwohnen, und ich glaube, Grace sah mich plötzlich in einem anderen Licht. Als ihre Tante uns verließ, war es, als ob ein zusätzliches Band zwischen Grace und mir entstanden wäre. Sie ging nicht mehr aus und entfloh nicht mehr der Wohnung. Zuerst half ich ihr, über ihre Ex hinwegzukommen, aber schon bald sprach Grace nicht mehr über sie. Wir verbrachten unsere Abende zu Hause, sahen fern und tranken Wein. Manchmal streichelte sie mein Bein oder ihre Hand streifte versehentlich mein Knie und ich hatte Schmetterlinge im Bauch. Ich hoffte, ja wünschte mir sogar, dass sie es wieder tun würde. Manchmal spielte sie Gitarre und ich starrte sie einfach nur bewundernd an.

Nach einem Monat merkte ich, dass ich total verschossen in sie war. Ich musste die ganze Zeit an Grace denken, hielt Ausschau nach ihren SMS. Ich wartete darauf, dass sie morgens aufwachte, damit sie in mein Zimmer kommen konnte, freute mich auf die Abende, an denen ich mit ihr abhängen konnte. Zu dieser Zeit fuhr sie über das Wochenende weg und ich hasste es, denn ich konnte es kaum erwarten, dass sie zurückkam. Da dämmerte es mir. An diesem Wochenende googelte ich verzweifelt Dinge wie: „Ich bin hetero, aber ich mag eine Lesbe. Bin ich gay?“, „Ist es normal, auf seine Mitbewohnerin zu stehen?“ und „Bin ich lesbisch oder fahre ich nur auf ein Mädchen ab?“ Ich bekam keine Antworten. Als sie zurückkam, konnte ich es nicht länger für mich behalten. Sie stellte ihre Taschen ab und ich sagte: „Ich muss dir etwas sagen.“

Ich brauchte etwa dreißig Minuten, um mit der Sprache herauszurücken, und dann sagte ich einfach: „Ich bin in dich verknallt." Ich war nervös und schwitzte vor Aufregung. Sie sagte: „Oh … *oh*!" Sie war sehr zurückhaltend. Wir sprachen über die Situation und darüber, dass ich bis jetzt immer dachte, ich sei hetero; dass zwei Mitbewohnerinnen, die zusammenkommen, die richtige Mischung ergeben würden, um eine Katastrophe auszulösen; dass wir es gar nicht erst versuchen sollten. Dem war aber nicht so. Jetzt, da alles offenkundig war, kamen wir uns immer näher.

Wir sind jetzt seit drei Jahren zusammen. Als ich meine Biografie auf Instagram änderte und schrieb, dass ich stolz darauf sei, bi zu sein und aus dem Nahen Osten zu stammen, bekam ich jede Menge Hass zu spüren. Ich erhalte immer noch Kommentare wie „Das ist eine Schande für deine iranische Familie", „Das haben deine Eltern nicht verdient", „Schäm dich, dass du das deiner Familie antust" und – am schlimmsten –: „Man sollte dich steinigen."

Es war okay, als ich es meinen Vater wissen ließ, aber als ich es meiner extrem persischen Mutter erzählte, wurde es furchtbar. Ich telefonierte mit ihr und sagte: „Ich bin mit meiner Mitbewohnerin zusammen, und ich bin bisexuell." Sie schrie und weinte und kreischte: „Was habe ich falsch gemacht? Du kannst nicht beides mögen, das ist unmöglich!" Sie legte auf, und wir sprachen eine Weile nicht miteinander. Inzwischen hat sie sich wieder eingekriegt, aber sie unterstützt mich immer noch nicht voll und ganz. Früher war sie so stolz auf mich und hat überall von mir gesprochen, aber das tut sie jetzt nicht mehr; ich glaube, sie findet mich peinlich. Unlängst verbrachte sie eine ganze Woche bei uns, und nachdem sie wieder gegangen war, rief sie an und fragte: „Glaubst du wirklich, dass das für immer ist? Frauen haben Phasen und gehen wieder zu Männern zurück, weißt du."

18, Manchester, England

Mum, ich bin verliebt.

In wen?

In eine Frau. Sie ist wunderbar, und wir sind wirklich glücklich.

Männer sind für Frauen da. Ich habe dich nie für eine Lesbe gehalten.

Ich auch nicht.

Mach dir keine Sorgen. Eines Tages wird dein Märchenprinz kommen und dein Herz im Sturm erobern.

Ich rasierte mir die Haare ab, änderte meine Kleidung und fing an, Country-Musik zu hören – alles nur, um mich anzupassen. Das waren die schlimmsten Jahre meines Lebens.

21, Texas, USA, über die Philippinen

Herzlichen Glückwunsch zum Abschluss!

Ich wuchs in einem streng katholischen Haushalt auf; meine Eltern, beide Filipinos, waren anmaßend religiös. Mein Vater machte offen schwulenfeindliche Bemerkungen. Ich glaube, ich hätte ihm damals sogar zugestimmt; ich wurde einer Gehirnwäsche unterzogen. Meine Eltern haben einen großen Teil dazu beigetragen, dass ich mich selbst zum Schweigen brachte und verleugnete, wer ich war.

In der Schule wurde ich sehr stark gemobbt. Ich stand auf Lizzie McGuire und Miley Cyrus und wurde deswegen ständig schikaniert. Wenn ich durch die Flure ging, riefen mir die Kids zu: „Du verdammte Chinatown-Schwuchtel!" Es gab eine Gruppe von Jungs, die mich in die Enge trieb und herumschob, als wäre ich eine Stoffpuppe. Als ich sechzehn war, wechselte ich die Schule.

Ich rasierte mir die Haare ab, änderte meine Kleidung und fing an, Country-Musik zu hören – alles nur, um mich anzupassen. Das waren die schlimmsten Jahre meines Lebens.

In meinem letzten College-Jahr entschied ich mich für ein Studium im Ausland. Ich glaubte zu ersticken, wenn ich noch länger in meiner Heimatstadt bliebe. Also zog ich nach Hongkong, wo ich keine andere Wahl hatte, als mich der Wahrheit zu stellen. Ich war auf mich allein gestellt, es gab niemanden mehr, der sich für mich entschuldigen konnte. Allmählich begann ich darauf zu beharren, Teile meiner Identität zu akzeptieren, bis zu dem Punkt, an dem ich stolz darauf war, Filipino zu sein. Vorher schien das nur ein weiterer Aspekt zu sein, durch den ich mich fehl am Platz fühlte.

Hongkong hat etwas Faszinierendes an sich: Es ist so schnelllebig und hektisch, so voller unterschiedlicher Charaktere und Vorurteile, dass man sich darin leicht verlieren kann.

Wenn du dich nicht an etwas festhältst, kannst du aus den Augen verlieren, wer du bist.

Meiner Erfahrung dort ist es zu verdanken, dass ich die Möglichkeit hatte, mich neu zu orientieren. Es hat allerdings ein paar Monate gedauert, bis ich mir eingestand, dass ich schwul bin. Es war kein aufregender Moment, keine große Sache. Jemand fragte mich, ob ich schwul sei, und ich sagte ja. Von da an war es viel einfacher. Als ich in die USA zurückkehrte, war mir klar, dass ich es meinen Eltern sagen musste, sonst würden sie mein wahres Ich nie kennenlernen. Als ich aufwuchs, hatte ich stets eine große Distanz zwischen uns gespürt, und ich wollte es ihnen sagen, auch um mich ihnen näher zu fühlen.

Ich bin nicht besonders stolz darauf, aber ich habe mich während meiner Abschlussrede am College vor meinen Eltern geoutet – es war sehr dramatisch und völlig überzogen. Ich bereue es nicht unbedingt, aber wenn ich die Zeit zurückdrehen könnte, würde ich es anders machen. Es war 2016, am Morgen nach der Schießerei im Schwulenclub Pulse in Orlando, bei der 49 Menschen getötet wurden. Ich erinnere mich, dass ich so wütend und bestürzt war. Irgendetwas an diesem Vorfall und den damit zusammenhängenden Auswirkungen auf die Schwulen-Community ließ mich denken: Scheiß drauf. Wenn ich es ihnen jetzt nicht sage, bekomme ich vielleicht nie die Gelegenheit dazu. Vielleicht haben einige der Menschen, die in dieser Nacht gestorben sind, nie die Chance dazu bekommen. Was ist, wenn mir auch so etwas passiert?

Auf der Bühne, vor Hunderten von Schülern und ihren Eltern, sagte ich etwas Ähnliches wie: „Als ich jünger war, dachte ich, ich würde nach Yale gehen, meine Traumfrau an der medizinischen Fakultät treffen, Arzt werden und sie heiraten. Das Problem dabei ist, dass ich die Kälte hasse, keinen Bock auf Medizin habe und keine Mädchen mag." Es herrschte völlige Stille. Das Publikum stand wohl unter Schock. Einigen Leuten, glaubte ich, hatte es den Atem verschlagen. Aber ich ging noch einen Schritt weiter – schnappte mir einen meiner besten schwulen Freunde und küsste ihn auf der Bühne. Ich weiß nicht, was ich mir dabei gedacht habe – darauf hätte ich verzichten können. Das Publikum reagierte begeistert, aber meine Eltern, die ich höflich lächelnd dasitzen sah, waren verwirrt.

Danach verabschiedete ich mich von meinen Freunden und stieg in den Wagen meiner Eltern. Das war der Anfang von vielen unangenehmen Gesprächen mit ihnen. Mein Vater sagte: „Solange du nicht zu diesen Trans-Menschen gehörst." Das hat mich sehr verletzt; ich habe ihm erklärt, dass sie ein Teil meiner Community sind und es nicht um uns gegen sie geht. Meine Mutter war total aufgebracht, versuchte aber, die Fassung zu bewahren. Sie sagte, sie brauchten Zeit und ich solle verstehen, dass sie es zum ersten Mal hörten. Damit begann eine wirklich schwierige Zeit. Die Art und Weise, wie ich es ihnen gesagt hatte, war nicht gerade hilfreich. Es war ein inniger, heikler Moment, den ich öffentlich und unbedacht gewählt habe.

Sie bemühten sich sichtlich, mich zu unterstützen, hatten aber einen Kampf mit sich selbst auszutragen. Sowohl im Katholizismus als auch in der philippinischen Kultur gibt es so viele homophobe Überzeugungen. Jedes Mal, wenn ich zu Hause zu Besuch war, endete das in einem Schrei-Duell mit meinem Vater. Er sagte dann Dinge wie: „Wir lieben dich, aber wir hassen, was du tust." Meine Mutter meinte: „Bleib offen für alles, vielleicht ist das nur eine Phase und du triffst eines Tages das richtige Mädchen. Du musst nur beten."

Seitdem gab es viel Liebe und viele verletzende Gespräche zwischen uns. Zum Glück haben wir Fortschritte erzielt. Sie gehen oft mit meinem Freund und mir in Schwulenbars. Mein Freund blieb über die Weihnachtsfeiertage bei uns und verbrachte die ganze Zeit damit, mit meiner Mutter in der Küche philippinisches Essen zu kochen. Unsere Gespräche enden nur noch selten in lauten Streitereien und wir können offen darüber reden, dass ich schwul bin. Das ist ein großer Fortschritt, wenn man bedenkt, dass man das Thema lieber unter den Teppich kehrt – eine klassische katholische Tradition.

28, London, England

Zwei Wochen

Ich war elf Jahre lang mit meinem Mann zusammen. Wir kennen uns, seit wir elf Jahre alt sind, und wir haben zwei gemeinsame Kinder. Ich habe ihn geheiratet, als ich noch jung war, weil die Leute das halt so machen. Er ist ein wirklich toller Kerl – wie mein bester Freund und mein Bruder in einer Person –, und ich habe ihn über alles geliebt. Erst in den letzten drei Jahren unserer Ehe wurde ich völlig unglücklich. Ich wollte meine Familie nicht zerstören, so viel wusste ich. Aber ich mochte ihn nicht mehr, und es war für mich unmöglich, Zuneigung zu empfinden. Wenn wir uns küssten, stellte ich mir vor, sein Mund gehöre einem Mädchen.

Es begann, als ich siebzehn war. Ich ging zur Gay Pride und lernte dort jemanden kennen. Wir gingen zu ihr nach Hause, und es war das erste Mal, dass ich mit einem Mädchen schlief. Ich fühlte mich total schuldig, weil ich meinen damaligen Freund betrogen hatte. Ich verdrängte es für etwa zwei Jahre und erzählte es niemandem.

Um mich abzulenken, nahm ich jede Woche an einem Theaterkurs teil. Gleich an meinem ersten Tag kam eine auffällige Frau herein. Sie hatte diese gewisse Arroganz, die ich sofort attraktiv fand. Ich ging zu meinem Schauspielagenten und sagte: „Was auch immer Sie tun, bringen Sie mich nicht mit diesem Mädchen zusammen." Aber es stellte sich heraus, dass wir bereits als Paar gecastet worden waren. Wir probten unsere Szene und gingen den Text gemeinsam durch, und ich spürte all diese verschiedenen, aufregenden Gefühle. Es war Liebe auf den ersten Blick.

Es gab ein unbestreitbares Band zwischen uns, etwas, das ich noch nie zuvor erlebt hatte. Es war, als spräche meine Seele mit ihrer.

Sie war lesbisch und hatte noch nie etwas mit einem Mann gehabt. Ich fand schnell heraus, dass sie mich mochte, und innerhalb von zwei Wochen verließ ich meinen Mann für sie. So sehr fühlte ich mich zu ihr hingezogen.

An dem Abend, an dem ich mit ihm Schluss machte, brachte ich es nicht übers Herz, ihm zu sagen, dass es daran lag, dass ich lesbisch war. Natürlich wusste ich es – es war, als wäre mir ein Licht aufgegangen –, aber ich konnte mich einfach nicht dazu durchringen, es ihm zu gestehen. Es war der schmerzhafteste Abend meines Lebens. Er lag auf Händen und Knien auf dem Küchenboden, der Rotz tropfte ihm aus der Nase, und er flehte mich an, nicht zu gehen, ihn nicht zu verlassen und bat mich, ihm eine weitere Chance zu geben. An diesem Abend teilten wir alles fifty-fifty, auch das Sorgerecht für unsere Kinder.

Ich konnte nirgendwo hin, also nahm mich meine Mutter für etwa eine Woche auf. Sie war wütend und sagte: „Du bist nicht lesbisch, ich habe dich nicht erzogen, damit du zu einer Lesbe wirst. Du machst das nur, um Aufmerksamkeit zu bekommen." Meine Freunde verstanden mich nicht und begannen, über mich zu lästern. Mein Lesbendasein diente ihnen als Aufhänger für Klatsch und Tratsch. Obwohl sie sich mittlerweile damit abgefunden haben, schlossen sie mich damals aus ihrem Freundeskreis aus. Sie fingen an, ohne mich essen zu gehen und etwas zu unternehmen – und posteten das dann auf Instagram, um mich eifersüchtig zu machen.

Nach ein paar Tagen sagte meine Mutter zu mir: „Wenn du deine Kinder liebtest, würdest du um sie kämpfen. Du würdest einem geteilten Sorgerecht nicht zustimmen." Ich versuchte ihr zu erklären, dass es keinen Grund zum Streiten gebe und mein Mann ein toller Kerl sei. Sie warf mich aus ihrem Haus. Schließlich zog ich zu einer Freundin, ihrem Mann und ihrer Tochter. Ich schlief zwei Monate lang auf dem Fußboden im Schlafzimmer ihres Kindes.

Mein Ex-Mann litt unter schweren Depressionen und hatte einen Nervenzusammenbruch; er nimmt bis heute Medikamente. Er verlor seinen Job, versuchte, sich das Leben zu nehmen. Ohne mich war er verloren. Unsere Tochter war damals sechs Jahre alt, und weil er nicht gut mit der Situation umgehen konnte, sagte er all diese Dinge zu ihr und beeinflusste ihre Meinung über mich. „Deine Mutter liebt uns nicht" und „Deine Mutter hat uns für jemand anderen verlassen."

In den vergangenen sieben Jahren habe ich mich geoutet, habe zu meinem Lesbendasein gestanden und war nur mit Frauen zusammen. Heute glauben mir die Leute endlich. Sie fangen erst jetzt an, mich als lesbische Frau zu akzeptieren. Davor dachten alle: Sie studiert Theater, das ist alles nur eine raffinierte Show. Von wegen! Bevor ich meine Partnerin kennenlernte, war ich damit zufrieden, vor mich hindümpeln zu können, hielt die Familie zusammen, und dann waren da die Ferien, das Haus, der Garten, den ich fünf Jahre lang in einen perfekten Zustand gebracht hatte. Ich verbrachte eine Stunde mit ihr und verließ ihn nach elf Jahren.

Am Ende blieben wir sechs Jahre ein Paar. Wir sind nur wegen des Dramas und des Elends, das dann folgte, nicht mehr zusammen. Familie und Freunde machten unsere Beziehung unmöglich. Wir fürchteten um unser Leben, und ich verfiel in die tiefste Depression meines Lebens. Auch wenn ich die Frau liebte, fühlte sich mein Leben nicht sicher an. Am sichersten fühlte ich mich zu Hause, bei meinem Ex-Mann und meinen Kindern. Ich war völlig durcheinander. Es ist schrecklich, weil ich auch meinen Jugendfreund verloren habe. Ich komme immer noch nicht über die Schuldgefühle und die Tatsache hinweg, dass ich ihm das Herz gebrochen habe. Meine Tochter leidet immer noch sehr darunter, und unsere Beziehung ist zerrüttet.

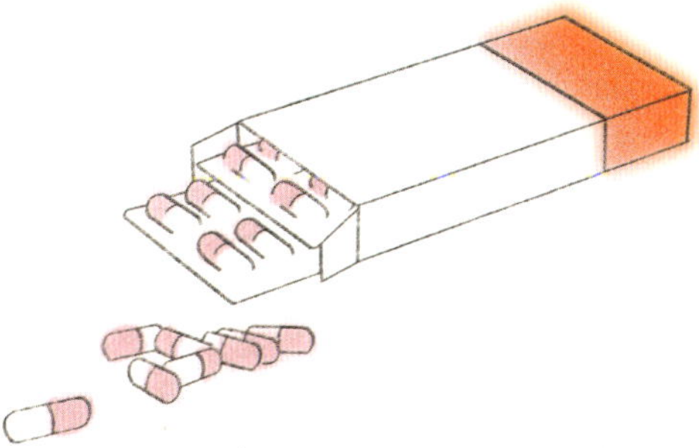

26, Orange County, USA

Als die Zeit stillstand

Ich wurde in den Niederlanden geboren. Als ich sechs Jahre alt war, kam ich mit meiner Mutter in die USA, um vor meinem leiblichen Vater zu fliehen, der zu dieser Zeit im Gefängnis saß. Die Beziehung zwischen Mum und Dad war durch Missbrauch seinerseits geprägt, sowohl körperlich als auch seelisch; Mutter bangte um ihr Leben. Als wir in den USA ankamen, wusste niemand, wo wir uns versteckt hielten.

Wir kamen nach Los Angeles, weil meine Mutter dort einen Brieffreund hatte. Ein Jahr später wurde er ihr Ehemann. Als ich aufwuchs, lebte ich unter dem falschen Namen „Jimmy Zimmer". Nur selten habe ich über meinen richtigen Namen nachgedacht. Ich war ein fröhlicher Teenager, optimistisch und aufgeschlossen.

Ich tanzte nach meiner eigenen Pfeife und kümmerte mich nicht darum, was andere Leute dachten.

In meinen späten Teenagerjahren hatte ich jedoch Todesangst davor, dass dieser Ex-Vater mich mitten in der Nacht entführen würde. Ich wurde jahrelang gemobbt und als „schwul" bezeichnet, bevor ich überhaupt wusste, was das Wort bedeutet. Ich erinnere mich, dass wir eines Tages im Geschichtsunterricht über den Holocaust und den Zweiten Weltkrieg sprachen. Ich dachte: „Mein Gott, die Welt ist kein Disney-Film." Und dann brach mein ganzes Weltbild zusammen und damit auch, wie ich mein Leben gestaltete. Ich verfiel in eine tiefe, dunkle Depression, die bis zu einem Selbstmordversuch führte.

Schließlich arbeitete ich mich aus der Depression heraus und fand eine neue Bestimmung und einen neuen Sinngehalt. Ich war gut im Schauspielunterricht, ging regelmäßig in die Kirche und spielte dort in einer Band. Ich fühlte mich wohl in meiner Haut. Plötzlich verliebte ich mich in meinen besten Freund. Lange Zeit versuchte ich, es zu verleugnen, aber schließlich outete ich mich vor einer meiner Mentorinnen in der Kirche. Sie war eine ältere Frau und sagte: „Erstens. Es ist nicht deine Schuld; zweitens, du wurdest nicht so geboren, und drittens, du kannst es ändern." Sie schlug mir vor, mit dem Pastor zu sprechen. Seine Worte waren: „Komm zu diesem Gruppentreffen. Das ist ein Kurs über Sexualsucht. Wir treffen uns einmal in der Woche." Ich ging hin. Es war noch ein anderer schwuler Mann dabei. Wir trafen uns und lasen gemeinsam in der Bibel; diese „Gruppentreffen" waren im Grunde nichts anderes als eine Konversionstherapie.

Als ich mich vor meinen Eltern outete, sagte ich: „Ich bin schwul, aber bevor ihr irgendetwas sagt – ich mache bei diesem Programm in der Kirche mit, und man wird mir helfen, heterosexuell zu werden. Macht euch keine Sorgen." Sie hatten von Natur aus ein Vorurteil gegen Homosexuelle. Sechs Monate lang unterzog ich mich der Therapie in der Kirche, bevor ich wieder depressiv wurde. Ich weiß noch, wie mein Stiefvater zu mir sagte: „Wenn es dir dabei so schlecht geht, warum machst du dann weiter?" Ich fragte mich plötzlich, warum ich überhaupt damit angefangen hatte.

Ich ging zum Pastor und sagte ihm, dass ich so nicht mehr weitermachen kann, dass es mich in den Selbstmord treibt. Er erwiderte: „Wenn du diesen Weg gehst, kannst du in der Kirche kein Theater mehr spielen, weil du die

Kirche repräsentierst." Ich blieb bei meinem Schwulsein und verlor meinen christlichen Freundeskreis, den ich mir mit den Jahren aufgebaut hatte, sowie meine Familie. Ich hatte so viel Zeit damit verbracht, mich in diesem neuen Glaubenssystem zurechtzufinden, und dann wurde es mir unter den Füßen weggezogen, nur weil ich schwul bin.

Zu dieser Zeit bereitete ich mich darauf vor, an eine christliche Universität zu gehen, die dringend Schauspieler suchte. Sie baten mich um ein Empfehlungsschreiben, von jemanden, der mich unterstützen würde. Als ich meinen Pastor darauf ansprach, sagte er: „Ich muss ihnen sagen, dass du vorsätzlich in Sünde lebst." Und das tat er. Ich wurde von der Universität abgelehnt und fiel wieder einmal auf die Nase.

Als ich meiner Mutter erzählte, dass ich die Therapie abgebrochen hatte, erzählte sie mir, dass mein leiblicher Vater, als ich vier Jahre alt war, bereits vermutete, sie würde weglaufen und mich mitnehmen. Er drohte ihr: „Wenn du meinen Sohn mitnimmst, wird er schwul werden." Sie gestand, sie habe stets befürchtet, dass es wahr werden würde. Ihre andere Angst war, dass ich an AIDS sterbe.

Ich ging zur Uni.

> Mit all der unterdrückten Sexualität, meinem Selbsthass und dem Leben mit verschiedenen Identitäten als Kind war ich geistig und seelisch verwirrt.

Sexuell war ich promiskuitiv. Ich habe keine Anstalten gemacht, verantwortungsvoll zu handeln und gesund zu bleiben. Selbstachtung war mir egal.

Des Weiteren war ich drei Jahre lang in einer Beziehung und wurde regelmäßig krank. Da ich nicht krankenversichert war, schob ich es vor mir her, ging aber schließlich ins Krankenhaus und saß acht Stunden im Wartezimmer. Es wurden Tests gemacht, und ein paar Tage später rief man mich an. Die Ärztin bat mich, Platz zu nehmen. Als ich sie das erste Mal traf, war sie quirlig und freundlich, machte lauter Witze. Dieses Mal war sie still und traurig. Sie atmete tief ein und aus und starrte auf ihren Computerbildschirm. Dann drehte sie sich zu mir um und sagte: „Du hast HIV."

Alles wurde unscharf, sie erschien klein und weit weg. Die Zeit stand still. Es war die größte Befürchtung meines Lebens, die jetzt Realität war. Ich glaubte, in zwei Jahren tot zu sein, brach zusammen und schluchzte hysterisch im Büro der Ärztin. Ihre Worte waren: „Ich werde dich jetzt allein lassen. Du musst ein paar Menschen anrufen, die dir am nächsten stehen, und es ihnen sagen. Ich komme gleich wieder." Ich rief meine Mutter an. Sie versuchte, mich zu unterstützen. Ich malte mir bereits aus, was ich in den nächsten zwei oder drei Jahren machen würde. Wäre es sinnvoll, die Schule zu beenden? Sollte ich einfach die Welt bereisen, bis ich sterbe? Ich war 26.

Es ist von großem Nutzen, ehrlich und offen darüber zu sein, wer du bist. Denn es kommt irgendwann auf dich zurück und hilft dir auf eine Art und Weise, der du dir zu diesem Zeitpunkt nicht bewusst bist. Ich habe allen von meiner Diagnose erzählt: Arbeitskollegen, Freunden, allen, die ich von klein auf kannte. Meistens hatten die Leute nur Mitleid.

Das ist jetzt fünf Jahre her. HIV zu haben, hat mein Leben nicht sehr beeinflusst. Ich gehe alle sechs Monate zum Arzt und nehme einmal am Tag eine Pille. Ich schlucke noch viel mehr Tabletten, die nichts mit HIV zu tun haben: Multivitamine, Bodybuilding-Supplemente und Nahrungsergänzungsmittel für die allgemeine Gesundheit. Ich bin seit Jahren in einer Beziehung mit jemandem, der negativ ist, und bei mir ist HIV nicht nachweisbar; ich kann es nicht weitergeben. Los Angeles ist recht fortschrittlich und verfügt über eine gut aufgeklärte Gay-Community, aber unter den HIV-Infizierten fühlen sich viele alleingelassen und können sich an niemanden wenden. Deshalb habe ich es mir zur Aufgabe gemacht, über meine Erfahrungen zu sprechen und meine Geschichten zu erzählen.

29, Atlanta, USA

Ich wünschte, du könntest dich so sehen, wie ich dich sehe

Es war 2020 und ich war gerade 29 Jahre alt geworden. Bis dahin hielt ich mich für einen heterosexuellen Mann. Ich schaute in den Nachthimmel und dachte: „Wäre ich als Mädchen geboren worden, würde ich mich so viel besser fühlen. Ich wünschte, ich wäre ein Mädchen." Ich rannte hinein, drehte mich zu meiner Freundin um und sagte: „Ich liebe dich. Ich wünschte, ich wäre ein Mädchen. Ich weiß nicht, was ich mit diesem Gedanken anfangen soll, aber ich will heute Abend nicht darüber reden."

Monate später kam ich von der Arbeit nach Hause, und meine Freundin war nicht da. Ich fühlte mich sehr mies. Ich dachte viel über eine Geschlechtsumwandlung nach und führte Tagebücher, füllte eine Seite nach der anderen, um meine Gefühle zu verarbeiten. Ich schnappte mir ein großes Stück Papier und einen riesigen Filzstift, legte das Blatt auf den Boden und schrieb in großen schwarzen Buchstaben darauf: „Ich bin trans". Einfach so, ohne Groß- und Kleinschreibung zu beachten, ohne Satzzeichen. Ich las es laut vor, rollte das Papier zusammen und legte es auf das Küchenregal. Anschließend kroch ich ins Bett und vergrub mich stundenlang unter der Decke, bis meine Freundin endlich von der Arbeit nach Hause kam. Ich bat sie, sich das Blatt Papier auf dem Regal anzusehen. Sie holte es sich und setzte sich neben mich. Ich weiß noch, dass ich sagte: „Ich bin transsexuell und werde mich umwandeln lassen." Das Erste, was sie sagte, war: „Ich habe ein paar Fragen." Wir blieben die ganze Nacht auf und versuchten, uns einen Reim auf alles zu machen.

Meine verinnerlichte Transmisogynie und Transphobie zu überwinden war die größte Herausforderung. Als ich aufwuchs, wurde mir ständig die bildhafte Karikatur einer Transperson gezeigt – jedes Mal war es ein jämmerlich aussehender Transvestit. Alles, was ich mir vorzustellen vermochte, war die Parodie einer Person, die man nie ernst nehmen konnte. Das war meine größte Sorge. Eines der rührendsten Dinge, die meine Freundin an diesem Abend zu mir sagte, war: „Ich wünschte, du könntest dich so sehen, wie ich dich sehe." In dem Moment ergab das für mich keinerlei Sinn. Ich musste dieser Aussage blinden Glauben schenken und einfach darauf vertrauen, dass sie etwas in mir sah, das ich nicht unbedingt erkannte. Dieses Mantra habe ich mir im Lauf der Jahre immer wieder aufgesagt.

Die Wochen vergingen, und ich schrieb weiter: Gedichte, Songs – alles, was meine Gefühle ausdrückte. Ich beschloss, viele Pfunde abzuspecken. Ich wollte mich auf mein körperliches Aussehen konzentrieren und Dinge tun, die im Nachhinein betrachtet ziemlich oberflächlich waren, aber die Inszenierung des eigenen Geschlechts hat sehr viel mit Ästhetik zu tun.

Ich habe mich meiner Mutter gegenüber geoutet, was eine knifflige Angelegenheit war; das ganze Prozedere selbst war schrecklich. Ich war bei meinen Eltern zu Hause und sie war es, die das Thema ansprach. „Mir ist aufgefallen, dass du dich verändert hast. Was ist los mit dir?“ Ich hatte bereits jede Menge abgenommen; ging joggen und war so motiviert wie nie zuvor. „Mum, ich stelle allmählich meine geschlechtliche Identität infrage.“ Sie geriet in Panik, packte mich am Arm und zerrte mich nach draußen in den Vorgarten. Ich sagte: „Ich weiß nicht, was ich dir sagen soll. Ich weiß, du hast wer weiß wie viele Fragen, aber ich habe keine Antworten für dich.“ Sie erwiderte: „Bitte geh zu einem Therapeuten und finde eine Lösung.“ In den nächsten Monaten ging ich regelmäßig zu einem Psychologen.

Einige Zeit später stellte mich meine Mutter wieder zur Rede: „Was ist jetzt mit dir mit Blick auf unser Gespräch?“

Ich antwortete: „Ich bin in der Umwandlungsphase. Es hat begonnen.“

Sie flippte aus: „Wenn ich das deinem Vater erzähle, werden wir uns scheiden lassen. Ich werde dich unterstützen und dich immer noch lieben, aber wenn ich es ihm sage, wird er es nicht verstehen und nicht verkraften.“

Eine Woche später erzählte sie es meinem Vater. Sie haben mich weder verstoßen noch sich scheiden lassen. Vielmehr beschlossen sie von Anfang an, mich so gut es geht zu unterstützen und dass die Liebe zu ihrem Kind wesentlich wichtiger sei als alle anderen Sorgen. Sie erwiesen sich als die verständnisvollsten Eltern; mich 29 Jahre lang mit einem Geschlecht erlebt zu haben, bis ich dann zu einem anderen wechselte, war natürlich eine große Herausforderung für sie.

Mein Vater stottert sehr stark, sodass er sich nicht gut ausdrücken kann. Mein ganzes Leben lang habe ich das als Kälte missverstanden, als ein mangelndes Verständnis für die Welt. Also begann ich, mit ihm per E-Mail zu kommunizieren.

Als ich mich vor ihm geoutet habe, war es, als hätten wir uns zum ersten Mal getroffen.

Meine Freundin hat in den ersten Wochen, als alles noch in der Schwebe war, etwas sehr Wichtiges für mich getan. Sie schrieb mir viele Briefe, in denen sie darauf hinwies, dass ich nicht daran gewöhnt sei, welche Kämpfe Frauen auszutragen haben, dass ich nicht verstehen könne, wie es ist, als Mädchen aufzuwachsen. „Hier ist also eine Liste von Büchern und hier sind meine eigenen Erfahrungen. So kannst du dich schützen, und darauf musst du vorbereitet sein.“ Es war eine Art Hausaufgabe. Viele Männer sind blind für den ganzen Mist, den Frauen durchmachen müssen; ich war blind für alles. Erst zu diesem Zeitpunkt wurde mir klar, wie achtlos ich mich durch die Welt navigiert hatte.

Die Aussichten für Transmenschen auf eine Beziehung sind aus naheliegenden Gründen nicht so gut wie für andere. Ich schrieb Briefe an meine Freundin, in denen ich Fragen stellte wie: „Wirst du mich noch lieben?“ „Werden wir noch zusammen sein?“ „Wie soll das funktionieren?“ Sie machte hier und da kleine Anmerkungen. Neben „Wirst du mich noch lieben, wenn ich ein Mädchen bin?“, schrieb sie: „Natürlich. Ich liebe DICH.“

Seit meiner Geschlechtsumwandlung habe ich enormes Selbstvertrauen gewonnen. Ich glaube, dass ich in dieser Welt genug beitragen kann, um als glücklicher Mensch zu sterben. Ich verdanke meiner Freundin so viel; wir sind seit sechs Jahren zusammen, vier davon mit mir als Junge und zwei als Mädchen. Ich hoffe, ich kann sie eines Tages meine Frau nennen.

Ein Geheimnis

Mum, Dad,

ich hoffe, dass ihr, wenn ihr diesen Brief lest, versteht, warum es mir so schwergefallen ist zu schreiben und warum ich es geheim gehalten habe.

Ich kann nachvollziehen, was euch wahrscheinlich gerade durch den Kopf geht, aber ich weiß auch, dass es für euch kein Schock sein wird. Es gibt keinen perfekten Zeitpunkt, egal ob ihr es hören wollt oder nicht. Ich kann eure Reaktion nicht voraussehen.

Ich hoffe, ihr wollt das, was auf lange Sicht das Beste für mich ist: dass ich glücklich bin. Ihr denkt bestimmt: Was haben wir falsch gemacht? Was werden die anderen denken? Wie sollen wir das durchstehen? Hoffentlich kann ich euch eines Tages ein paar Antworten auf eure Fragen geben. Ich hoffe, ihr könnt lernen, dies zu akzeptieren und zu verstehen, dass es nicht gegen euch geht. Bitte betrachtet das nicht als Kritik an eurer Erziehung.

Ich habe mich entschieden, es nicht mehr zu verstecken. Vielleicht werde ich diese Entscheidung eines Tages bereuen, hoffe jedoch, dass ich euch mein launisches Verhalten in den vergangenen Jahren wenigstens teilweise damit erklären kann. Ich möchte betonen, dass es sich nicht um eine Phase handelt. Ich habe viel Zeit damit verbracht, mich selbst zu überzeugen und mich zu zwingen, keine Mädchen zu mögen. Ich möchte ein normales Leben führen, aber leider bleibt mir keine Wahl. Wenn ich klein beigebe, werde ich nie glücklich sein.

Mum, es tut mir leid, dass es keine Enkelkinder oder eine Hochzeit geben wird. Verzeihe mir, dass ich dir diese Dinge nicht geben kann. Es ist einfach ein Teil dessen, was mich ausmacht. Ich bin erleichtert, dir das endlich mitteilen zu können, ob du es nun gutheißt oder nicht. Dir das zu sagen, ist das Schwierigste, was ich je tun musste. Ich habe jahrelang darüber nachgedacht und ich denke, ich bin es mir und dir schuldig, ehrlich zu sein. Auch wenn du vielleicht zunächst deswegen enttäuscht bist, glaube ich, dass es uns auf lange Sicht einander näher bringen und stärker machen wird. Ich möchte diesen Teil meines Lebens mit dir teilen, und der Gedanke, du könntest es nicht akzeptieren, macht mich sehr traurig.

Ich würde euch niemals enttäuschen wollen. Die nächsten Wochen, Monate oder sogar Jahre werden schwierig für die Familie sein, ich möchte jedoch, dass ihr versteht, dass ich euch das nicht sage, um jemanden zu verletzen. Ich möchte mein Leben mit euch teilen und erwarte nicht, dass es euch damit von heute auf morgen gut geht; ich werde warten. Es tut mir leid, wenn ich euch enttäuscht habe, aber ich will einfach nur glücklich sein. Ehrlich zu euch zu sein ist alles, was ich habe.

Ich werde euch immer lieben.

30, Berlin, Deutschland

Die Möglichkeiten, ein Mensch zu sein

Eine meiner frühesten Erinnerungen ist, dass ich mich bei meiner Mutter ausgeweint habe, weil ich nicht als Mädchen geboren wurde. Als ich in meinen Zwanzigern war, ging ich mit jemandem aus und wir gaben beide zu, dass wir nicht wussten, was eigentlich mit unseren Geschlechtsidentitäten los war. In Finnland, wo ich herkomme, gilt im Allgemeinen: Je männlicher du bist, desto besser. Alles, was als traditionell weiblich angesehen wird, gilt als unzuverlässig. Genauso ist es mit dem Zeigen von Gefühlen. Das ändert sich jetzt mit der jüngeren Generation, aber ich bin mir sicher, dass es etwas mit dem Kriegstrauma zu tun hat.

Mit neunzehn wurde ich vergewaltigt, und was zwischen dem 19. und 21. Lebensjahr geschah, daran kann ich mich kaum noch erinnern. In meinen frühen Zwanzigern entwickelte ich Essstörungen; ich war magersüchtig und bulimisch und versuchte, jeden Funken Weiblichkeit bei mir auszulöschen. Mit 21 nahm ich bei *The X Factor* teil und belegte den zweiten Platz. Ich war einer der ersten queeren Menschen in Finnland, die sich offen dazu bekannten. In der Fernsehshow versuchten sie, mich als „den netten Jungen von nebenan, der schwul ist" darzustellen. Leider war das von mir gezeigte Bild nicht ich, sondern es war erfunden. Dadurch habe ich mich in jeder Hinsicht noch schlechter gefühlt. Im Nachhinein betrachtet war es unklug, in dem traumatischen Zustand, in dem ich mich befand, an der Show teilzunehmen. Aber es befeuerte mich, Musik zu studieren und nicht eine Karriere als Popkünstler der Unterhaltungsindustrie zu verfolgen.

Ich wurde an der Uni von Helsinki angenommen. Dort stolperte ich über die Oper. In der Oper gibt es jede Menge Rollenfächer. Ich habe eine sehr tiefe Baritonstimme, die in der Regel für die Stimmen von Schurken oder mächtigen Göttern zum Einsatz kommt. Am Ende habe ich eine leicht zu besetzende Version von mir erschaffen, die zu diesen Rollen passt. Mein professionelles Debüt gab ich im Alter von 26 Jahren und wurde permanent gebucht. Ich habe so viel gearbeitet, dass ich keine Zeit zum Nachdenken hatte.

Als junger Künstler spürte ich, dass das, was ich rund um die Uhr zu tun versuchte, nicht wirklich ich, sondern nur gespielt war. Das zeigte sich zunächst auf der Bühne. Ich fühlte mich sehr ausgelaugt, denn:

Sowohl auf der Arbeit als auch in meinem Privatleben schauspielerte ich.

Ich merkte, dass mir klar wurde, dass mein Geschlecht nicht das war, was ich dachte. Es war eine sehr wirre Zeit, aber allmählich begann ich, mich in meiner Weiblichkeit wohler zu fühlen. Nach ein paar Jahren erkannte ich, dass ich nonbinär war. Das Geschlecht, so glaubte ich, sei ein Konstrukt, und ich fühlte mich frei.

Dann kam die Pandemie, und ich hatte viel Zeit zum Nachdenken. Die Dinge begannen sich zu fügen. Einen Männernamen zu tragen erschien mir unangenehm, also bat ich die Leute, mich mit einem geschlechtsneutralen Namen anzusprechen. Ich versuchte zu ergründen, wer ich war. Ein Jahr später gaben wir ein Konzert, und alle, die dort auftraten, trugen einen schwarzen Anzug. Ich ging zur Anprobe, betrachtete mich im Spiegel und dachte: „Ich kenne diese Person nicht.“ Zu Hause verspürte ich den seltsamen Drang, meinen Anzug in winzige Stücke zu schneiden, damit ich ihn nie wieder tragen musste. In diesem Moment wurde mir klar: „Scheiße, ich bin binär.“

Ich rief meinen besten Freund an: „Darf ich zu dir kommen? Kann ich einfach nur Frauenkleidung tragen, und kannst du mich als Frau ansprechen?“ Der nächste Anruf ging an meinen Chef. Unser Konzert wurde gestreamt – es wurde weltweit übertragen –, und ich konnte nicht als Mann auf die Bühne gehen. Ich wollte als Frau die Bühne betreten. Mein Boss musste meinen Namen auf den Programmen ändern und mir eine neue Biografie geben. Ich musste mit meinem neuen Namen und den Pronomen sie/ihr angesprochen werden. Er gratulierte mir und war sehr hilfsbereit. Er ließ die Maskenbildner kommen, um mein Make-up und meine Haare zu machen.

Am nächsten Tag dachte ich: „Ich muss mich öffentlich outen“ und rief meine Familie sowie meine engsten Freunde an. In gewisser Weise war es gut, dass es so öffentlich war, aber gleichzeitig war es auch eine brutale Art, sich zu outen. Ich beschloss, einen kurzen und eindeutigen Instagram-Post zu schreiben, und die Lokalzeitungen in Finnland griffen ihn auf. Am zweiten Tag nach meinem Coming-out folgte mir ein Mann nach Hause und versuchte, in meine Wohnung zu gelangen. Heute gehe ich nicht mehr ohne Pfefferspray auf die Straße.

Mein Leben war hart bisher, aber ich glaube, es war notwendig, um die Person zu werden, die ich heute bin. Manchmal habe ich das Gefühl, acht Leben gelebt zu haben; ich habe Einblick in so viele verschiedene Arten des Menschseins erhalten. Vergangenes Jahr habe ich verstanden, wie einzigartig schön es ist, eine Transfrau zu sein.

15, London, England, über Jamaika

Küsse hinter dem Vorhang

Ich komme aus einer jamaikanischen und sehr traditionsbewussten Familie, mit vielen großen Versammlungen und dem sonntäglichen Kirchgang (gegen meinen Willen). Jamaikaner sind sehr ernsthafte Christen.

Mit etwa acht Jahren wurde ich in der Grundschule oft gemobbt. Die anderen Kinder fanden es seltsam, wie eng ich mit einem anderen Mädchen befreundet war. Eines Tages wurde ich auf dem Spielplatz als lesbisch bezeichnet. Ich wusste nicht, was das bedeutete, aber es schien etwas Schlimmes zu sein, denn es galt als Beleidigung, und alle anderen Kinder lachten und gaben hinter meinem Rücken lauthals Geräusche von sich. Ich ging nach Hause und schaute im Wörterbuch nach. Zu jener Zeit ging ich nach der Schule regelmäßig zu meiner besten Freundin. Wir küssten uns hinter dem Vorhang im Schlafzimmer ihrer Mutter, aber ich wusste nicht wirklich, was dahintersteckte oder warum wir das taten; ich dachte, wir hätten vielleicht eine Art Spiel erfunden. Auf den Schultoiletten küssten wir uns auch häufig in der Mittagspause.

Einige Jahre später ging ich auf eine reine Mädchenschule. Wenn wir auf dem Spielplatz herumalberten, musste ich immer den „Freund" spielen. Zurückblickend wird mir klar, dass die Mädchen immer mit mir geflirtet haben. Ich kam einem von ihnen sehr nahe und wir fuhren jeden Tag gemeinsam mit dem Bus nach Hause, hielten manchmal Händchen und schrieben uns lange Briefe. Ich war mir aber immer noch nicht sicher, was das zu bedeuten hatte.

Dann, eines Tages, als ich etwa fünfzehn war, war ich bei ihr zu Hause und wir küssten uns. Es fühlte sich jedoch anders an als vorher. Es war intimer und es steckte etwas Tiefsinniges dahinter. Wir wollten dem auf die Schliche kommen, bis zu dem Punkt, an dem wir dachten, wir seien verliebt, und sie erzählte ihren Eltern von mir. Sie hatten nichts dagegen, also ging ich davon aus, dass ich es auch meinen Eltern sagen könnte, da wir uns so nahestanden. Ich hatte keine Ahnung, wie sie über solche Dinge dachten – bei mir zu Hause kam das nie zur Sprache –, aber ich wusste, dass sie nach dem Motto lebten: Bleibe bei dem, was du bist und wie du bist. Das kann in der jamaikanischen Kultur ziemlich vorherrschend sein: Wenn du schwarz bist, dann bleibe bei den Schwarzen.

Ich outete mich vor meinem Vater, aber er schwieg nur. Ich wusste nicht, was ich davon halten sollte. Später erzählte er es meiner Mutter. Ich folgte ihm die Treppe hinunter, und als ich zu ihnen ins Wohnzimmer kam, schnappte sie sich einen großen Bildband und warf ihn quer durch den Raum in Richtung meines Kopfes. Zum Glück verfehlte sie ihn. Sie schrien mich beide an und sagten: „Wir haben dir nicht beigebracht, so zu sein! Wir kennen niemanden, der lesbisch ist! Von wem hast du das?" Sie warfen mich aus dem Haus, also zog ich zu meiner Oma, die damit kein Problem hatte. Sie hielt fest zu mir, denn sie hatte mich stets am meisten unterstützt. Ich wohnte ein Jahr lang bei ihr, und sie hat mich nie wegen irgendetwas beschimpft.

Irgendwann legte sich die ganze Sache und ich ging zurück nach Hause. Wir sprachen nicht über das, was passiert war, und ich traf mich weiter heimlich mit dem Mädchen. Das ging so weiter, bis ich siebzehn war, als ich einen Job bekam und meine Sexualität zu erkunden begann, in Schwulenbars abhing und lesbische Freundinnen fand. Ich hatte noch nie jemanden in meinem Leben gekannt, der gay war. Mit achtzehn Jahren wurde mir klar, dass es Zeit war, von zu Hause auszuziehen. Ich brauchte einen Neuanfang und Zeit, um mich selbst zu finden, weg von meiner Familie und allem, was ich kannte. Ich verließ mein Elternhaus in Südlondon und zog in den Norden nach Manchester, etwa vier Autostunden entfernt. Ich hatte eine Wohnung gefunden, in der ich mit drei Fremden über einem Café in einem gay-freundlichen Teil der Stadt wohnte.

Das war vor mehr als zehn Jahren, und seitdem lebe ich in Manchester. In den vergangenen drei Jahren habe ich mit Stolz zwei beliebte Gay-Bars in der Innenstadt gemanagt, von denen eine die einzige Lesbenbar im Nordwesten ist. Ich habe nicht vor, nach London zurückzukehren, aber mein Verhältnis zu meinen Eltern ist jetzt viel besser, wahrscheinlich, weil ich mein eigenes Ding gemacht und bewiesen habe, dass ich auf eigenen Beinen stehen kann. Das hat mir definitiv ihren Respekt eingebracht – nicht, dass ich ihn gebraucht hätte.

In Jamaika wird der Geschlechtsverkehr zwischen gleichgeschlechtlichen Partnern gemäß dem Offences Against the Person Act von 1864 mit einer Haftstrafe geahndet. Dieses Gesetz sieht eine Höchststrafe von zehn Jahren mit harter Arbeit vor. Nur Männer werden als Kriminelle hingestellt.

19, Edinburgh, Schottland

Du wirst deinen Platz finden

Ich erzählte es meiner Mutter im Auto auf dem Weg zu meinen Großeltern. Wir fuhren in die Einfahrt, ich drehte mich zu ihr um und sagte: „Mum, ich muss dir etwas sagen." Sie fragte, ob alles in Ordnung sei, und ich sagte nur: „Ich bin schwul." Sie war ziemlich verblüfft, wie man es halt so kennt. Für sie kam es völlig unerwartet, denn ich hatte mich gerade erst von meiner Freundin getrennt, mit der ich zwei Jahre zusammen war. Sie hatte nicht viele Fragen; ich bin jemand, der recht schwarz-weiß denkt und nicht im Trüben fischt. Wenn ich etwas sage, bin ich mir dessen sicher. Wenn ich heute mit meiner Familie darüber spreche, sagen sie alle, dass sie keine Ahnung hatten. Für sie war ich immer ein „Bursche", was auch immer man unter einem „Burschen" versteht.

Am selben Abend traf ich mich mit meinen Freunden auf dem Strandparkplatz. Wir saßen in unseren Autos und ich erwähnte, dass ich ihnen etwas zu sagen hatte. Ihre erste Reaktion war: „Das macht nichts, du bist immer noch unser Freund." Ich war so dankbar und erleichtert, dass sie es verstanden. Nur einer von ihnen hat es nicht so gut aufgenommen, und ich kann verstehen, warum. Im Lauf der Zeit haben wir darüber gesprochen und er hat sich entschuldigt. Er brauchte nur etwas Zeit, um es zu verstehen. Er hatte das Gefühl, ich hätte ihn belogen, ihm eine falsche Version von mir gezeigt und dass unsere Freundschaft nicht das sei, für was er sie hielt.

Wenn ich etwas aus meinem Coming-out gelernt habe, dann ist es, dass du nicht die ganze Last der Welt auf deinen Schultern tragen musst. Sprich mit jemandem, der dich unterstützt und dich ermutigt, deine Gefühle und Emotionen frei mit allen zu teilen. Du hast vielleicht das Gefühl, dass deine ganze Welt vor deinen Augen zusammenbricht, aber es wird besser werden, und die Welt dreht sich weiter. Du wirst deinen Platz finden, ebenso deine Leute, und sie werden zu deiner Familie werden. Bleib dir selbst treu, wer auch immer du sein magst, und alles wird sich regeln.

HIGH FIVE

Neulich im Krankenhaus:

Krankenschwester:
Kann es sein, dass Sie schwanger sind?

Ich: Nein.

Krankenschwester:
Sie müssen vor dem Eingriff
einen Schwangerschaftstest machen.

*Ich: Ehrlich,
das ist nicht nötig.*

Krankenschwester:
Ich fürchte, das ist Vorschrift.
Jede Frau muss einen machen.

*Ich: Es ist unmöglich,
dass ich schwanger bin.*

Krankenschwester:
Keine Sorge, er kostet nichts.

*Ich: Darum geht es nicht.
Ich bin nicht schwanger.*

Krankenschwester:
Okay, aber wir müssen sicher sein.

Ich: Ich bin lesbisch.

Krankenschwester:
Gibt's nicht! Ich auch!

Die Krankenschwester – Hand aufs Herz – streckte begeistert die Hand aus und gab mir ein High Five.

Es gab Kids, die mir eine Nachricht schickten, in der sie sagten: „Ich wollte dir sagen, dass ich deinen Post gesehen und mich gestern vor meiner Mutter geoutet habe."

22, Toronto, Kanada

Eine wirklich coole Sache

Ich bin in dieser seltsamen Zeit aufgewachsen, in der englischsprachige Kinder etwas als „gay" bezeichneten, wenn es komisch war oder irgendetwas Schlimmes vor sich ging. Wenn dein Freund sich bescheuert verhielt, hast du gesagt: „Hör auf, gay zu sein." Der Begriff wurde ausschließlich negativ verwendet. Schon früh stellte ich fest, dass ich schwul bin, und ich habe deshalb viel Zeit damit verbracht, mich damit abzufinden.

Eines Abends erzählte ich es meiner Mutter im Auto. Wir sprachen über die Hochzeit meines Cousins, und ich sagte: „Wie würdest du dich fühlen, wenn ich dir sagte, dass ich schwul bin und eines Tages einen Mann heiraten möchte?" Sie war schockiert; ich hatte sie offensichtlich kalt erwischt, denn das war das Letzte, was sie von mir erwartet hatte. Sie äußerte ihre Bedenken, sagte, dass ich Kinder haben könnte und dass sie sich mich mit einer Frau und einer Schwiegertochter vorgestellt hatte. Dass sie etwas Zeit brauche, sich das Ganze stattdessen mit einem Schwiegersohn vorzustellen. Sie hatte gehofft, ich hätte es ihr früher gesagt und „ich wünschte, es fiele dir nicht so schwer, es frei auszusprechen". Ich wusste, dass sie verständnisvoll sein würde, aber in meinem Kopf schwirrte dieses große schreckliche Szenario herum, und ich hatte mich auf das Schlimmste vorbereitet.

Beruflich und öffentlich habe ich mich erst 2022 geoutet. Das lag zum großen Teil an meiner Arbeit und meinem Beruf. Ich bin die Nummer eins der kanadischen Rangliste im Disc Golf und die Nummer 22 der Weltbesten. Disc Golf ist immer noch ein Nischensport, aber er entwickelt sich schnell, besonders in Amerika. In den vergangenen drei Jahren ist die Zahl der Teilnehmer von 250.000 auf 500.000 gestiegen, und ein paar Millionen Menschen verfolgen die Turniere live im Fernsehen. Es ist ein sehr offener und einladender Sport; spielte ich Football, wäre es eine andere Geschichte, wesentlich toxischer. Ich denke oft an all die NFL-Spieler, die ihre Homosexualität verheimlichen.

Ungefähr fünfzig Personen wussten, dass ich schwul bin, bevor ich mich öffentlich geoutet habe, und sie haben mir das Gefühl gegeben, dass ich mich wohlfühle. Alle haben es super hingenommen und akzeptiert. Sie versicherten mir, dass sie hinter mir stünden, wenn etwas passieren sollte. Das war es, was mich überzeugt hat, damit an die Öffentlichkeit zu gehen. Es war außerhalb der Saison, also war alles ruhig. Es schien der richtige Zeitpunkt zu sein.

Als ich es gepostet habe, machte ich Urlaub auf Hawaii und stellte ein Porträt von mir am Meer ein. Ich hatte eine recht ansehnliche Fangemeinde auf Instagram, etwa 20.000 Personen, und ich wusste, dass sie mir ausschließlich wegen des Sports folgten, weil ich dort nie persönliche Dinge poste. Ich fügte einen riesigen Text in das Foto ein, der lautete: „Ich bin schwul"; ich wollte nicht, dass die Leute das übersehen oder darüber hinwegscrollen. Für das Schreiben der Bildunterschrift benötigte ich eine ganze Woche. Denn ich wollte sichergehen, dass jedes einzelne Wort so ist, wie ich es haben wollte. Ich wusste, dass ich mich nicht nur für mich, sondern für alle LGBTQIA+-Mitglieder der Disc-Golf-Community outen würde. Ich war besonders vorsichtig und verspürte eine Menge Druck; es stellte eine wirklich große Interessenvertretung für die Schwulen-Community dar, und ich wollte sichergehen, dass es richtig gemacht wurde. Und zwar auf eine Art und Weise, die Liebe und Rückhalt förderte, keine abfälligen Kommentare von Leuten, die es nicht verstanden.

Seitdem laufen die Dinge großartig. Mein Post erhielt etwa 15.000 Likes und Tausende von Kommentaren, und ich bekam fast 3.000 persönliche Nachrichten auf Instagram und Facebook. Natürlich gab es auch den einen oder anderen Hater, vielleicht fünfzehn Nachrichten, in denen stand: „Ich mag dich als Spieler, aber ich unterstütze nicht deine Entscheidung, schwul zu sein. Das ist gegen das, woran ich glaube." Tja, es ist keine Entscheidung, aber zumindest zollten sie mir Respekt.

Nachdem ich mich geoutet hatte, meldeten sich einerseits viele Personen, um mir zu sagen, dass sie schwul sind und dass es erbaulich war, von einem Profisportler repräsentiert zu werden. Andererseits haben mir Leute gesagt, dass sie sich immer noch nicht geoutet haben, aber dass ich ihnen geholfen hätte, darüber nachzudenken, es anderen zu sagen. Einige Kids schrieben mir: „Ich habe deinen Post gesehen und mich gestern vor meiner Mutter geoutet."

Das ist eine der größten Auswirkungen, die ich seit meinem Outing gespürt habe. Ich habe das Leben einiger Menschen verändert und ihnen den Mut gegeben, so zu sein, wie sie sind. Zu sehen, wie sich meine Offenheit auf andere Menschen überträgt, ist eine wirklich coole Sache.

Wenn ich mich auf eine Stelle bewerbe, fahre ich mit dem Mauszeiger über den Abschnitt „Sexuelle Orientierung“. Manchmal wähle ich „heterosexuell“. Ich kann nicht anders, als mich zu fragen, ob die Wahrheit meine Bewerbung beeinflusst.

Der andere Teil von mir hasst es, dass ich es überhaupt angeben muss.

Wir tanzten die ganze Nacht zusammen in unserer eigenen kleinen Welt. Ich weiß noch, wie ich dachte: „Du bist es. Du bist meine Partnerin fürs Leben."

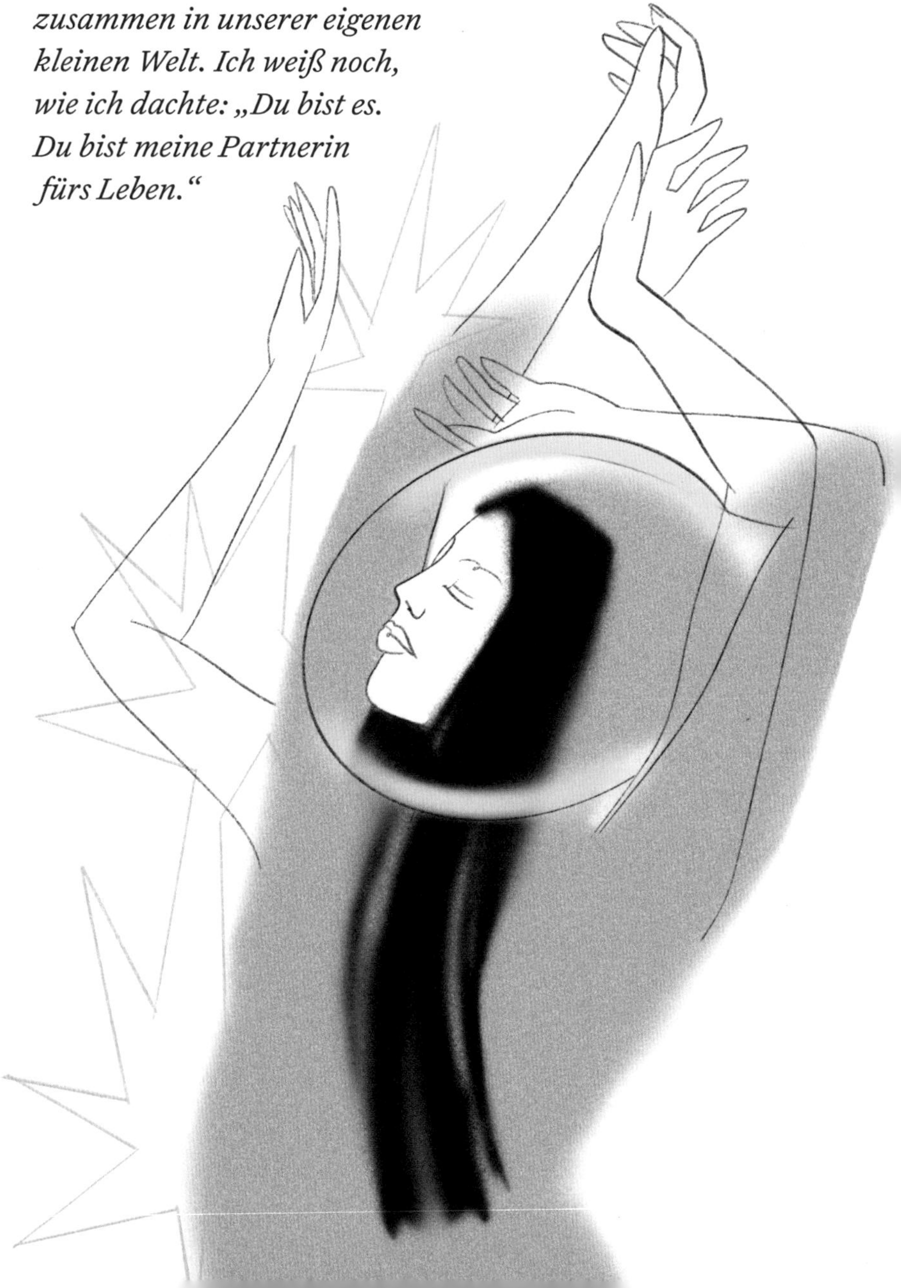

39, San Francisco, USA

Das Mädchen in dem silbernen Raumanzug

Ich lernte meinen Ex-Mann, einen ägyptischen Muslim, kennen, als wir achtzehn waren. Als ich neunzehn war, meinte seine Mutter: „Wenn du nicht konvertierst, kannst du nicht mit meinem Sohn zusammen sein." Also haben wir geheiratet, und ich bin zum Islam konvertiert. Ich komme aus einer atheistischen amerikanischen Familie, deshalb war es ein großer Schock für meine Eltern. Ich war elf Jahre lang praktizierende Muslima; wir fasteten und tranken keinen Alkohol. Ich las im Koran und schloss mich mehreren Gruppen an.

Etwa zehn Jahre nach Beginn unserer Ehe wollte mein Mann eine offene Beziehung führen. Er lag mir schon seit Monaten damit in den Ohren und hörte nicht auf, darüber zu reden. Ich verabscheute den Gedanken, hatte aber nicht die Kraft, mich davon zu lösen. Schließlich gab ich klein bei und wir begannen eine offene Beziehung, die drei Jahre lang andauerte. Es war eine furchtbare Erfahrung. Ich dachte, es würde unsere Ehe retten, und ich glaubte wirklich, dass ich keine andere Wahl hatte.

Während der offenen Beziehung luden mein Mann und ich Frauen in unser Schlafzimmer ein. Ich fühlte mich zu ihnen hingezogen und auch tiefergehend mit ihnen verbunden. Mein Mann sagte immer: „Ich sehe doch, dass du dich zu ihnen hingezogen fühlst, das ist schon okay, Frauen sind von Natur aus lesbisch."

Jahrelang habe ich mich geweigert, in Erwägung zu ziehen, dass ich lesbisch sein könnte. Ich habe den Gedanken mit aller Gewalt verdrängt. Das erinnert mich an Politiker, die behaupten: „Ich bin absolut nicht schwul! Homosexuelle sind schrecklich!" Wenn man aber erst einmal die einzelnen Schichten wie bei einer Zwiebel abzieht, sieht man, dass sie wahrscheinlich selbst gay sind. So war es bei mir.

Während unserer Ehe war mein Mann sowohl körperlich als auch seelisch gewalttätig, er hatte eine sehr dunkle Seele. Ich musste erst ins Bodenlose fallen, um zu verstehen, wie schrecklich das war. Es dauerte seine Zeit, aber schließlich wurde mir klar, dass ihn nichts im Leben glücklich machen würde. Er war untreu und hatte einer Freundin von mir Nachrichten geschickt. Mir versuchte er einzureden, ich sei psychisch krank und bilde mir alles nur ein. Ich ging nach Hause zu meiner Familie und sagte ihnen in ein und demselben Satz, dass meine Ehe nach 21 Jahren vorbei und ich lesbisch sei.

Der Teil, in dem ich mich als lesbisch outete, war völlig belanglos. Sie waren besorgt über das, was er mir angetan hatte, und froh, dass ich dieser toxischen Beziehung ein Ende bereitet hatte. Sie sorgten sich nur um meine Sicherheit. Als ich das Ausmaß des Missbrauchs erkannte, brach ich fast alle Verbindungen zu meinem Ex ab. Ich reichte die Scheidung ein. Der Papierkram war innerhalb von zwei Wochen erledigt, aber er gab mir weiterhin die Schuld für alles. Er schikanierte mich auf allen digitalen Kanälen, also blockierte ich ihn überall außer bei E-Mails. Er drangsalierte mich weitere zwei Jahre lang. Es wurde so schlimm, dass ich ein Kontaktverbot gegen ihn erwirkte, sowohl in digitaler als auch persönlicher Hinsicht. Als ich mir einen Anwalt nahm, hörte er endlich auf.

Ich lernte meine Frau im August 2018 durch gemeinsame Freunde kennen. Damals dachte ich: „Du bist cool", aber mein Leben war völlig aus den Fugen geraten. Ich verließ meinen Mann noch im selben Jahr, im Dezember. Ein paar Monate später bekam ich eine Einladung zu einer Facebook-Veranstaltung – zu einer Party, die unter dem Motto „Intergalaktisch" stand und die nur wenige Schritte von meiner neuen Wohnung entfernt war.

Ich weiß noch, wie ich in der Tür stand und sie in der Mitte des Raums in einem glänzenden silbernen Raumanzug zu Technomusik tanzen sah. Sie sah umwerfend und bezaubernd aus. Ich war sofort fasziniert. Wir gingen aufeinander zu. Keine Fragen, kein Gespräch. Wir tanzten die ganze Nacht zusammen in unserer eigenen kleinen Welt. Ich erinnere mich, wie ich dachte: „Du bist es. Du bist meine Partnerin fürs Leben."

Im Jahr 2020, als die Covid-Pandemie ihren Höhepunkt erreicht hatte, heirateten wir in der San Francisco City Hall, einem gewaltigen Gebäude. Es waren nur wir, ein Zeuge, ein Richter und eine Kamera in einem riesigen leeren Raum. Unsere eigentliche Hochzeitsfeier wird 2023 stattfinden. Sie hat versprochen, den silbernen Raumanzug zu tragen.

21, Miami, USA

Eine neue Perspektive

Ich komme aus einem sehr traditionsbewussten Latino-Haushalt. Meine peruanische Mutter unterrichtete den Katechismus und ich war Messdiener. Als ich aufwuchs, fühlte ich mich zu anderen Jungen hingezogen, aber das störte mich nicht; ich war ein Kind und empfand das nie als etwas Ungewöhnliches. Mein bester Freund und ich veranstalteten oft Pyjamapartys, und als wir vierzehn Jahre alt waren, verloren wir unsere Unschuld miteinander. Als ich älter wurde, war das Interesse für Männer zwar da, aber ich hatte auch viele Schuldgefühle. Jede sexuelle Erfahrung hinterließ bei mir ein ekliges, schmutziges Gefühl. Ich konnte es nicht verarbeiten und schlussfolgerte daraus, dass ich nicht schwul sein konnte, wenn ich mich so sehr davor ekelte.

Ich kam in die Junior High und fing an, mit Mädchen auszugehen, und zwar mit vielen. Ich hielt mich für einen Hetero. Auf der Highschool war ich eine Sportskanone und sexuell sehr umtriebig, wurde jedoch andauernd verspottet, weil man vermutete, ich sei schwul. Nach dem Highschool-Abschluss wollte ich so weit wie möglich von zu Hause weg, weil ich mich eingesperrt fühlte. Schließlich zog ich in die Nähe eines College, das 3.200 km entfernt war.

In meinem ersten College-Jahr fanden wir heraus, dass mein Vater in ein Drogenkartell verwickelt war. Bei einem Undercover-Einsatz ging etwas schief, und er galt als der Sündenbock. Er wurde zu einer mehrjährigen Haftstrafe verurteilt, konnte aber fliehen und kehrte nie wieder zurück. Bis heute weiß ich nicht, wo er ist, und ich habe nicht einmal eine Postkarte von ihm erhalten. In der Familie waren alle sehr erschüttert. Die ganze Zeit über war ich weit weg von zu Hause und fühlte mich elendig. Ich wurde zu einem starken Kiffer und fing an, viel zu trinken. Ich hatte keine Lust mehr, das College zu besuchen. Bald darauf wurde ich wegen eines Selbstmordversuchs in eine psychiatrische Klinik eingewiesen. Ich suchte verzweifelt nach einem Ausweg aus dem Chaos.

Dann habe ich betrunken mit einem meiner Betreuer herumgemacht, einem Schwulen, der ein paar Jahre älter war als ich. Es war das erste Mal in meinem Leben, dass ich am nächsten Tag ohne Schuld- oder Schamgefühle aufwachte. So nahm mein Coming-out seinen Anfang. Ich fischte immer noch in trüben Gewässern zwischen Jungs und Mädchen, also outete ich mich meiner Mutter gegenüber als bisexuell. Als altherkömmliche, hitzige Latina hatte sie keinerlei Verständnis dafür. Sie war wütend und hielt es nur für einen weiteren aufrührerischen Akt. Das warf einen dunklen Schatten auf unsere Beziehung und wir sprachen mehrere Jahre lang nicht miteinander.

Irgendwann danach fand ich heraus, dass der jüngste Bruder meines Vaters ebenfalls schwul ist. Er lebte mit seinem Partner in San Francisco und lud mich ein, den Sommer über bei ihnen zu wohnen. Das waren die entscheidenden Wochen meiner persönlichen Reise, denn zum ersten Mal tauchte ich in eine Schwulenkultur ein, die etwas Positives und Aufbauendes hatte. Sie halfen mir, wieder auf die Beine zu kommen und mich selbst zu finden. Ich lebte in einer amüsanten Schwulenblase, weit weg von allen, die ich kannte.

Als ich an die Uni zurückkehrte, outete ich mich vor meinen Freunden der Studentenverbindung, und sehr schnell begann sich mein Leben neu zu ordnen. Mir wurde klar, was mir wichtig war und was mich wirklich glücklich machte. Ich ließ die Finger von Drogen und Alkohol und begann, mich um mein Studium zu kümmern. Ich verließ das College, stürzte mich in die Arbeit und konzentrierte mich zwanzig Jahre lang voll und ganz auf meine berufliche Karriere. Tatsächlich hatte ich ein tolles Leben: zwei erfolgreiche Unternehmen, eine Strandwohnung und gute Freunde. Dann, im Jahr 2010, als ich vierzig war, wurde ich positiv auf HIV getestet und meine ganze Welt wurde wieder einmal auf den Kopf gestellt.

Als ich die Nachricht erhielt, glaubte ich, mich noch einmal outen zu müssen. Vor allem aber wurde mir klar, wie dumm ich gewesen war. Ich war wie jeder andere Homo.

Es ist diese Sache, vor der du Todesangst hast, aber nur, weil du dir nicht die Zeit nimmst, etwas darüber zu lernen. Wir alle fürchten die Dinge, die wir nicht verstehen.

Mich um mich selbst zu kümmern hatte jetzt oberste Priorität. Nachdem ich einen Teil meines Lebens damit verbracht hatte, aufgeben zu wollen, hat mich das in die andere Richtung gebracht. Es gab mir eine neue Perspektive und ich erkannte schnell, wie wertvoll das Leben ist. Ich fing an, mich mit Achtsamkeit, Ernährung und Fitness zu beschäftigen.

Am Anfang sprach ich über meinen HIV-Status, und gute Freunde fragten mich: „Warum erzählst du es herum? Sag es niemandem. Behalte es für dich." Warum sollte ich nicht darüber reden? Ich schäme mich nicht. Ein Teil des Problems mit HIV ist, dass es ein Tabu ist, sodass niemand darüber spricht. Deshalb haben die Menschen Sex hinter verschlossenen Türen mit anderen Menschen, die Angst haben, darüber zu reden, und so breitet sich die Krankheit immer weiter aus.

Ich habe es mir zur Aufgabe gemacht, über das Leben mit HIV zu sprechen, wollte die sozialen Medien nutzen, um meine Geschichte zu erzählen und das Stigma zu brechen. Ich bin ein Typ, der keine Angst davor hat, die Wahrheit über mich zu sagen. So viele Menschen müssen sie erfahren, und die meisten trauen sich nicht, sie auszusprechen, weil wir uns alle so sehr für uns selbst schämen.

Das Leben ist verdammt hart. Manchmal möchte man einfach das Handtuch werfen und aufgeben, denn wozu der ständige Kampf? Wir alle haben die Macht, das Blatt zu wenden. Das Leben kann wunderschön sein.

30, Sao Paulo, Brasilien

Der Daumenring

In Brasilien ist es ganz normal, bei deinen Eltern zu wohnen, bis du verheiratet bist. Ich ging jeden Abend aus und kehrte nicht mehr zum Schlafen nach Hause zurück. Das ging schon einige Wochen so, als mein Vater fragte: „Ich nehme an, du triffst dich mit jemandem?“ Ich antwortete: „Ja, aber ich bin noch nicht bereit, dir etwas darüber zu erzählen.“ Ich hatte Angst davor, ihm zu sagen, dass ich mit einem Mädchen zusammen war.

Eine weitere Woche verging und er fragte: „Die Person, mit der du dich triffst, läuft es gut?“

„Es ist alles in Ordnung. Sie ist fantastisch. Ich werde dir bald mehr erzählen.“

Einen Monat später sagte er eines Abends: „Ich habe es satt zu warten! Was ist denn los? Ist es ein Mädchen?“ Er nahm kein Blatt vor den Mund. Ich sagte nur: „Ja.“

Er stellte Fragen wie: „Erzählst du mir mehr über sie?“ Ich verriet ihm ein paar Dinge über sie, etwa ihren Job, ihr Alter und ihren Namen, erklärte ihm, dass ich nicht wirklich lesbisch bin, sondern dass ich Jungs *und* Mädchen mag. Ich sagte ihm, er habe einige meiner Ex-Partner kennengelernt, aber dass ich sie als Freunde vorgestellt hatte. Dass mit der Bisexualität konnte er nicht wirklich verstehen. Es war eine bizarre Situation: Ich musste meinem Vater meine Gefühle erklären, während er versuchte zu verstehen, dass ich mich zu beiden Geschlechtern hingezogen fühle.

Ein paar Monate später war ich auf einer Strandparty. Ich trank einen Cocktail in allen möglichen Farben, der mit einem Regenschirm und Obstscheiben hübsch garniert war. Ich machte ein Selfie mit dem Drink in der Hand und postete es auf Instagram. Ein paar Minuten später klingelte mein Telefon wie verrückt; es war mein Vater. „Was machst du da?" Er klang wütend und beunruhigt. „Du outest dich vor der ganzen Welt? Wolltest du nicht erst mit mir darüber reden? Nimm sofort das Foto raus! Du hast überhaupt keinen Respekt!" Ich war verwirrt. Er fuhr fort: „Ich weiß, was es bedeutet, wenn ein Mädchen einen Daumenring trägt! Damit zeigst du den Leuten, dass du eine Lesbe bist!"

Jetzt dreht er völlig durch, dachte ich. Abermals sagte er mir, ich solle das Foto herausnehmen, und ich erwiderte: „Ich nehme das Bild nicht raus. Wenn du ausflippst, weil du damit nicht fertig wirst, dann rastest du eben allein aus, denn ich werde gar nichts ändern." Dann legte ich auf. Es stellte sich heraus, dass er im Internet einen Artikel mit dem Titel „Woran man erkennt, ob jemand lesbisch ist" gefunden hatte. Offenbar war das Tragen eines Daumenrings eines dieser Zeichen.

Als Jude hatte mein Vater in seinem Leben bereits mit vielen Vorurteilen zu kämpfen, besonders in jüngeren Jahren. Ich glaube, seine größte Befürchtung, als ich mich geoutet habe, war, dass seine Tochter die gleichen Probleme haben würde, wenn auch aus einem ganz anderen Grund. Er hatte Angst, dass ich nicht akzeptiert werden würde. Als ich ihm versicherte, dass alle in meinem Leben es bereits wussten, wurde er locker. Es hat eine Weile gedauert, aber schließlich hat er es geschafft.

Mein Vater ist Künstler und hat vor Kurzem eine riesige Leinwand mit zwei Frauen gemalt, die sich auf einer Couch gegenüberliegen. Es heißt *Zwei Liebende* und ist von meiner Frau und mir inspiriert.

36, North Yorkshire, England

Nenn mich Will

Ich wusste schon immer, dass ich ein Junge sein sollte und kann mich an keine Zeit erinnern, in der mir das nicht klar war. Ich dachte nur nicht, dass ich etwas dagegen tun würde. Ich war schon immer ein positiv eingestellter, glücklicher Mensch, aber ich war nie zu hundert Prozent präsent. Irgendetwas war nie in Ordnung. Ich bin seit zwanzig Jahren bei der Polizei und habe mich stets maskulin gegeben. Jahrelang glaubte ich gay sein zu müssen, weil das die einzige Möglichkeit war, die ich kannte. In dem kleinen Dorf in Yorkshire, in dem ich aufwuchs, wurde über solche Dinge nicht gesprochen.

Ich hatte eine wunderbare Kindheit und eine liebevolle Familie, in der alle eng miteinander verbunden waren. Es ist gang und gäbe, dass Transmenschen ihren Namen ändern, wenn sie sich umwandeln lassen. Es wäre unsensibel und falsch, sie mit ihrem früheren „alten" Namen anzusprechen, aber mir persönlich macht das nichts aus. Ich möchte nicht ausklammern, wer ich damals war. An diese Zeit habe ich viele schöne Erinnerungen, die ich nie vergessen möchte.

Ich war fünfzehn Jahre lang mit einer Frau verheiratet, bevor die Ehe auf natürliche Weise zu Ende ging. Damals war ich gerade im Büro meiner Chefin und sie fragte mich, ob alles in Ordnung mit mir sei, ob auch zu Hause alles bestens sei. Ich brach völlig zusammen. Alles war zu viel geworden, ich war völlig verwirrt. Ich glaube, ich sagte: „Ich bin nicht die richtige Person. Ich muss mein Geschlecht ändern." Alles ging in einem großen Chaos unter. Sie war sehr verständnisvoll und besprach sich sofort mit ihrem Kommissar. Gemeinsam schufen sie einen großen Kreis von Menschen, der mich unterstützte – wie ein Sprungtuch. Sie ließen einen Polizeiwagen kommen, der mich nach Hause brachte, um sicherzustellen, dass es mir gut ging, und ich nahm mir ein paar Tage frei.

Ein paar Wochen später wusste ich, dass es an der Zeit war, es meinem Bruder zu sagen. So wunderbar meine Familie auch ist, ich war auf das Schlimmste gefasst. Ich dachte, wenn ich es erzähle, würde ich sie alle verlieren, also war mein Plan, nach Schottland zu ziehen und ein neues Leben zu beginnen. Ich war überzeugt, dass sie mich nicht verstehen würden. Ich brauchte einige Zeit, um den Mut aufzubringen. Ich hatte vor, es meinem Bruder persönlich zu sagen, aber wir fingen an, einander SMS zu schreiben, und er geriet in Panik, als meine Nachrichten immer zweideutiger wurden. Nach einigem Hin und Her blieb mir nichts anderes übrig, als es ihm in einer SMS mitzuteilen.

Seine Antwort war: „Hey Mann, na und? Das macht mir überhaupt nichts aus. Mach dir keine Gedanken darüber. Für mich bist du genau dieselbe, egal wie du heißt. Es ist mir schnurz, ob du mein Bruder oder meine Schwester bist. Egal, ich liebe dich, und wir sind hier, um dir zu helfen." Ich bin für ein paar Tage zu ihm und seiner Frau gefahren und werde nie vergessen, was seine Gattin eines Abends zu mir sagte. Wir waren allein, sie nahm meine Hand, drückte sie fest und sagte: „Wo siehst du dich in zehn Jahren? Denn im Moment bist du nicht glücklich und du musst alles tun, was nötig ist, um wirklich glücklich zu sein." Das hat mich seither nicht mehr losgelassen.

Als ich nach Hause kam, rief ich meine Schwester an und erzählte es ihr. Sie reagierte genauso: sehr offen und verständnisvoll. Der einzige Mensch, dem ich es noch gestehen musste, war meine Mutter. Ich ging zu ihr nach Hause, und gleich nachdem sie die Tür geöffnet hatte, sagte sie: „Oh, setz dich, deine Schwester hat mir schon davon berichtet. Ich hatte sowieso schon immer das Gefühl, dass ich zwei Söhne und eine Tochter habe, also ist das nichts Neues. Wozu die Aufregung?" Sie war 77 Jahre alt und wurde als Katholikin in einer schrecklichen, gewalttätigen Familie erzogen. Mum wurde jahrelang fürchterlich missbraucht, aber sie war die sanfteste und verständnisvollste Frau, und sie zeigte am meisten Akzeptanz. Ich meine, sie hat mich oft mit meinem alten Namen angesprochen, aber Gott sei Dank hat sie es versucht.

Ich glaubte es meinen Kollegen schuldig zu sein, ihnen mitzuteilen, was Sache war und wollte es persönlich tun. Meine Überzeugung ist, dass man es den Leuten persönlich sagen sollte, damit sie nicht hinter deinem Rücken über dich tratschen. Vielleicht sollte ich es auf Facebook posten, dachte ich, aber das schien mir nicht richtig zu sein. Ich sprach mit meinem Kommissar und wir beschlossen, es in einem Briefing zu tun. Es waren etwa fünfzig Leute im Raum, ich war noch nie so nervös. Ich erklärte meine Situation und sagte in etwa: „Ich habe eine schwierige Zeit hinter mir. Es hat sich herausgestellt, dass ich im falschen Körper stecke und mich verändern muss. Ich würde mich freuen, wenn ihr mich alle Will nennen könntet. Von jetzt an ist das mein Name." Keine einzige Person ging, ohne mir die Hand zu schütteln oder mich zu umarmen.

Meine Partnerin und ich haben unlängst ein Haus gekauft. Neulich haben wir einer Designerin das Haus gezeigt, und ich habe es so lange wie möglich hinausgezögert, ihr unser Schlafzimmer zu zeigen. Ich wusste, dass sie noch nicht mitbekommen hatte, dass meine Partnerin und ich mehr als nur Freundinnen waren, und mir war klar, was kommen würde. Ich drehte mich zu meiner Partnerin um und formte mit den Lippen panisch die Worte: „Sag du es ihr!“ Sie schüttelte den Kopf und flüsterte: „Mach du es!“

Ich: Und das ist das große Schlafzimmer
... unser Schlafzimmer.

Sie: (starrt mich an, dann meine
Partnerin, dann wieder mich)

Ich: ... Wir sind zusammen.

Sie: Oh! Ja, richtig, toll!
Irre! Cool. Wie schön. Das ist klasse!
Ich habe mich schon gewundert!!

Noch am selben Abend klopft die neue Nachbarin an unsere Tür, um sich vorzustellen.

Sie: Wohnen Sie nur zu zweit hier?

Wir: Ja.

Sie: (mit verwirrtem Gesichtsausdruck)
Nur Sie zwei?

Wir: Ja, wir sind ein Paar.

Sie: Oh, ich dachte, Sie sind Schwestern!

19, Tel Aviv, Israel

Der Schwachsinn des 21. Jahrhunderts

Ich bin in Israel geboren und in einem Kibbuz an der Grenze zum Gazastreifen aufgewachsen, ein Ort, der in den Neunzigern politisch sehr brisant war. Mit vierzehn erzählte ich meiner Mutter, dass ich schwul bin; ich hatte eine Lebensmittelvergiftung und mir war heftig übel. Sie tröstete mich neben der Toilette, und während ich mich fürchterlich übergab, flüsterte ich: „Mama, ich mag Jungs." Sie erwiderte: „Gib mir eine Sekunde", ging raus, rauchte eine Zigarette, kam zurück und sagte: „Okay, wir kümmern uns darum. Ich liebe dich." Kurz darauf schickte sie mich zur Therapie. Sie fand, dass es das Richtige war; nicht, dass sie dachte, ich müsse in Ordnung gebracht werden oder so, aber mein Therapeut war selbst schwul und sie wollte auf Nummer sicher gehen, dass ich jemanden hatte, mit dem ich reden konnte, der mich verstand.

Mein Vater war nicht glücklich damit. Er ist ziemlich traditionsverbunden und fragte mich, ob ich mit einem Rabbiner darüber reden wolle, und ich sagte: „Auf keinen Fall." Er hat mich eine Zeit lang unter Druck gesetzt. Als meine ältere Schwester davon erfuhr, schloss sie sich mit ihm in einem Zimmer ein. Sie war wütend. Ich konnte hören, wie sie durch die Tür schrie: „Hast du eine Ahnung, wie schrecklich das für ihn gewesen sein muss? Wenn er dir sagt, dass er etwas nicht tun will, kannst du ihn nicht dazu zwingen! Lass ihn einfach in Ruhe!"

Mein Vater sagte zu mir: „Willst du mir etwa erzählen, dass du gar nichts spürst, wenn du eine wirklich heiße Frau siehst?" Ich musste ihm dann erklären, dass ich durchaus ihre Attraktivität zu schätzen weiß – aber mehr auch nicht. Er redete dann dummes Zeug und unterstellte mir, dass ich versuchen würde, Menschen zu bekehren und sie zu Homos zu machen. Jahre später hat er sich für sein Verhalten entschuldigt. Ich versuche, es aus seiner Perspektive zu sehen, als praktizierender Jude der alten Schule; er wusste nicht, wie er mit seinen Freunden darüber reden sollte; war ratlos, was er den Leuten sagen sollte, mit denen er zum Gottesdienst ging. Ich habe ihm klargemacht: „Erstens musst du nicht mit ihnen darüber reden, wenn du es nicht willst. Zweitens: Es ist kein Problem, dass du einen schwulen Sohn hast. Das macht dich nicht zu einem schlechten Juden. Wenn du mich akzeptierst, stehst du ganz oben an der Pyramide deiner Religion, denn viele religiöse Juden akzeptieren das immer noch nicht." Heute haben wir ein gesundes Verhältnis zueinander und er spricht voller Stolz von seinem Sohn. Neulich sagte er zu mir: „Ich muss mich für nichts schämen. Wenn jemand das nicht akzeptieren kann, soll er sich selbst ins Knie ficken." Er hat eine komplette Kehrtwende gemacht.

Man sagt, Tel Aviv sei die große Schwulenhauptstadt der Welt, aber meiner Meinung nach soll das die Tatsache kompensieren, dass dort ein massiver Völkermord stattfindet. Es ist, als behauptete man: „Seht uns an, wir sind nicht so schlimm. Du kannst hier schwul sein und wirst nicht getötet!" Aber wenn du eine Dating-App in Israel öffnest, siehst du kein einziges Profilfoto. Die Menschen leben in Angst und Scham. Homosexuelle dürfen immer noch nicht heiraten, und Kinder zu adoptieren ist für sie nach wie vor äußerst schwierig.

Ich habe Israel vor zehn Jahren verlassen und bin nach New York gezogen. Es war immer mein Traum, dort zu landen. Um eine Green Card zu bekommen, heiratete ich meinen heterosexuellen besten Freund. Als wir mit dem Behördenkram unserer Hochzeit begannen, war Obama Präsident, und es war kein Problem, ein schwules Paar zu sein. Dann aber schlossen wir unseren Heiratsprozess einige Zeit später ab – während der Trump-Regierung –, und es war sehr stressig. New York hatte immer diesen Charme und diesen verlockenden Reiz – eine rege, aufstrebende Stadt, in der alles möglich ist –, aber jetzt, da ich hier bin, ist es ätzend. Die Rechte der Frauen werden beschnitten, homophobe Angriffe nehmen zu, und kleine Kinder werden in ihren Klassenzimmern erschossen. Wenn du in den nördlichen Teil des Staates New York fährst, siehst du die Flagge der Konföderierten. Ich weiß nicht, wohin dieses Land steuert, aber es ist nirgendwo gut.

Während der Pride-Woche 2022 war ich auf einer Party, die am selben Tag stattfand, an dem angekündigt wurde, dass „wir das Abtreibungsgesetz rückgängig machen werden". Das hat alle sehr hart getroffen. Es herrschte eine Atmosphäre nach dem Motto „Genießt diese Pride-Woche, Leute, es könnte unsere letzte sein". Es herrschte nicht die übliche ausgelassene, lebhafte Atmosphäre, sondern eine traurige und betrübliche Stimmung. Ich habe eine Schlagzeile gesehen, die da lautete: „Ein trauriger Tag für eine Nation, die im vergangenen Jahr viele traurige Tage und nur traurige Tage erlebt hat". Ich kann nicht glauben, dass wir im 21. Jahrhundert leben und immer noch mit diesem Schwachsinn zu tun haben. Es ist schrecklich, an einem Ort zu leben, an dem du das Gefühl hast, dass dir der Boden unter deinen Füßen jeden Moment weggerissen werden könnte.

18, Connecticut, USA

Das Versprechen

Als ich fünf Jahre alt war, wurde bei mir das Tourette-Syndrom diagnostiziert. Damals hatte ich natürlich keine Ahnung, was das bedeutete, aber ich glaube, es hat viel dazu beigetragen, wie ich mich in der Welt wahrgenommen habe. Ich bin katholisch erzogen worden, war Messdiener, Kommunionhelfer und Wahlmann. Es ist traurig, dass einem die Kirche wie ein Zuhause vorkam, und doch ist sie ein Ort, der queere Menschen nicht willkommen heißt.

Ich war in Therapie, seit ich dreizehn war, vor allem, weil ich mich in meiner Haut nicht wohlfühlte – ich hatte keine Ahnung, wie ich sein sollte. Ich wurde wegen meiner Unbeholfenheit ziemlich gemobbt und während meiner Teenagerzeit ständig als „schwul" und „Tunte" beschimpft. Mädchen sagten mir: „Du bist schwul, oute dich!", aber ich wusste damals nicht, dass ich es tatsächlich war. Ein Junge schrieb einmal einen Aufsatz mit dem Titel „21 Gründe, warum Liam eine Schwuchtel ist" und verteilte Kopien davon in der Schule. Ironie des Schicksals: Es hat sich herausgestellt, dass er selbst schwul ist. Schon komisch.

Später ging ich auf die Kunsthochschule. Viele der Studenten dort waren schwul, sodass ich endlich einen Ort fand, an dem ich mich sicher und verstanden fühlte. Da fing ich an, mich zu meiner Identität zu bekennen. In meinem Kurs gab es einen Jungen; wir kamen uns in kurzer Zeit sehr nahe, und nach einigen Anzeichen seinerseits ging ich davon aus, er sei schwul. Als ich ihn schließlich um ein Date bat, gab er mir eine Abfuhr und sprach nie wieder mit mir. Es war eine sehr verwirrende Zeit, und ich verfiel in Depressionen.

Ich habe mich 2017 geoutet, als ich achtzehn war. Nach einem besonderen Tiefpunkt sprach ich mit meinem Therapeuten und gestand ihm: „Ich bin schwul." Das war das erste Mal, dass ich es vor einem Erwachsenen ausgesprochen habe. Seltsamerweise rief zwanzig Minuten nach meiner Therapiesitzung meine Ärztin an. Sie erzählte mir, meine Mutter habe sich Sorgen um mich gemacht und gefragt: „Ist Liam schwul?" Also habe ich sie per FaceTime kontaktiert. Ich war nicht in der Lage, die passenden Worte zu finden; ich meinte nur: „Mum, ich stehe auf Jungs." Sie fragte, ob ich es den Müttern meiner Freunde gesagt hätte, denn sie wäre verletzt gewesen, wenn ich es ihnen noch vor ihr erzählt hätte. Ich weiß noch, dass ich ihr sagte, dass es mir am schwersten fiel, es ihr zu sagen, weil wir uns so nahestanden, und dass sie nichts falsch gemacht hatte. Sie fühlte sich schlecht, weil sie in all diesen dunklen Stunden nicht für mich da war. Danach rief ich meinen Vater an: „Solange du dich als der fühlst, der du bist, werden wir dich immer lieben." Er hielt inne. „Wir müssen uns wohl Gedanken darüber machen, wer die Hochzeit bezahlt." Was für ein Dad-Witz!

Das Schwierige ist, an Orten verkehren zu müssen, an denen Homosexuelle nicht willkommen sind, zum Beispiel in Haushalten mit republikanischen Wählern. Als ich mich bei der Mutter meines Freundes geoutet habe, sagte sie zu mir: „Solange du nicht nach Hause kommst und lispelst wie ein Schwuler, ist das für meinen Mann okay." Das ging mir lange Zeit nicht aus dem Kopf. Dieses Jahr wurde mir klar, dass sich das nie ändern wird, aber was ich tun kann, ist, solchen Situationen aus dem Weg zu gehen.

Wenn du dich outest, denke nicht daran, wie schwierig es in diesem Moment ist. Denke an die Zukunft und daran, wie du sie gerne gestalten würdest. Als ich mich geoutet habe, war ich selbstmordgefährdet, ich wollte unbedingt sterben. Ich habe immer gedacht: „Warum hat Gott mich so gemacht? Was will er damit beweisen? Wenn das eine Prüfung ist, dann will ich sie nicht." Wenn die Leute sagen, dass es besser wird, ist das wahr.

> Es mag im Augenblick unvorstellbar für dich sein, aber wenn du im Leben an einen Punkt kommst, an dem du dich in dir selbst wohlfühlst, fühlt sich alles friedlich an.

Die Zukunft ist so vielversprechend, das verspreche ich dir.

24, Westchester, USA

Schwulenpanik

Ich komme aus einem Vorort von New York. Ich bin Jude; besuchte die hebräische Schule und hatte mehrmals eine Bar-Mizwa. Ich weiß seit meinem zwölften Lebensjahr, dass ich schwul bin, habe es aber bis zum Ende der Highschool niemandem gesagt. Lange Zeit habe ich vermieden, es meinen Eltern zu sagen; das ist eigentlich merkwürdig, da sie Menschen sind, die viel Akzeptanz zeigen. Ich glaube, in meinem Innersten trug ich so etwas wie Homophobie oder Selbsthass mit mir herum.

An meinem 24. Geburtstag hatte meine sehr lautstarke (und lesbische) Schwester eine Panikattacke im Auto mit meinen Eltern und platzte damit heraus, dass ich schwul sei. In dem Moment der Hysterie, den sie gerade erlebte, verriet sie mein Geheimnis.

Ich war nicht dabei, sondern saß in einem Taxi auf dem Weg zu unserem gemeinsamen Essen. Sie schrieb mir eine SMS, was passiert war. Ich war wütend, aber letztlich hätte ich es etwas eher sagen müssen.

Als ich im Restaurant ankam, saßen sie alle drei da und warteten. Es fühlte sich komisch und unangenehm an. Ich wollte meine Homosexualität nicht erwähnen und dachte, dass sie es auch nicht tun würden, aber meine Eltern sind sehr offene Menschen. Sie fragten, ob ich etwas trinken wolle, und dann lehnte sich meine Mutter vor, die Ellbogen auf dem Tisch, die Finger ineinander verschränkt. Sie schaute zu mir hinüber, dann zu meinem Vater und wieder zu mir. Meine Schwester saß in der Ecke und rutschte hin und her. Es war alles sehr dramatisch.

Meine Mutter atmete laut aus und streckte die Arme aus: „Oh Schatz! Wir sind so glücklich! Wir dachten schon, du würdest allein sterben!“

In der Zeit seit ich dieses Buch geschrieben habe, haben meine Partnerin und ich uns auf eine künstliche Befruchtung eingelassen und erwarten nun unser erstes Kind. Das führt zu einer ganzen Reihe von Coming-out-Begegnungen und Gesprächen, die anders ablaufen als die davor. Ich bin jedes Mal überrascht, aber ich lerne (und übe mich darin), die Fragen, Kommentare und die Faszination der anderen bereitwillig aufzugreifen.

Ich spüre es bei den Geburtsvorbereitungskursen, die wir besuchen. Ich merke es bei jedem Ultraschalltermin. Oder wenn wir im Wartezimmer des Krankenhauses sitzen und die anderen werdenden Eltern sichtlich versuchen, die Situation zu durchschauen. Ich bin mir sicher, dass ich es bei der Geburt, bei jedem Elternabend und bei jeder Geburtstagsfeier spüren werde. Und ich bin mir fast sicher, dass ich es an jedem Vatertag merken werde.

Vor Kurzem waren wir bei einer Umstandsmodenberatung in einem Kaufhaus. Als meine Partnerin und ich Platz nahmen, bemerkte ich, dass die Dame zwischen unseren Gesichtern hin und her schaute, als säße sie im Publikum eines spannenden Tennismatches. Ich saß eine Weile da und fragte mich, wie sie die Situation wohl meistern würde, aber es wurde zu unerträglich. Ich brach das Schweigen und sagte: „Sie ist schwanger. Wir sind ein Paar, keine Schwestern."

Wir haben uns ein paar Kindertagesstätten angeschaut. Als Erstes klären wir stets, dass wir die Eltern sind. Während wir durch die Räume gehen, ertappe ich mich dabei, wie ich die Wände nach Hinweisen darauf absuche, dass dies ein offenes, sicheres und inklusives Umfeld für unser Kind sein wird, in dem es lernen und sich entwickeln kann. Ich halte Ausschau nach kleinsten Verhaltensweisen in den Gesichtern der Mitarbeiter:innen oder nach Veränderungen in der Körperhaltung, die verraten könnten, wie sie sich wirklich fühlen, wenn sie ein Kind von zwei Frauen betreuen. Ich erwische mich dabei, dass ich Fragen stellen muss wie: „Bringen Sie den Kindern die verschiedenen Arten von Familien und Elternhäusern bei?" und „Haben Sie Kinder von homosexuellen Eltern?" Beim Ausfüllen der Anmeldeformulare wärst du überrascht, wie oft in dem Abschnitt „Eltern“ die Wörter „Vater“ und „Mutter“ auftauchen. Jedes Mal, wenn wir das Wort „Vater“ durchstreichen, werde ich daran erinnert, dass unser Kind mit vielen Fragen aufwachsen wird, um die es sich sicher nicht gerissen hat.

Außerdem finde ich es lustig, wenn ich Leuten erzähle, dass ich in ein paar Monaten ein Baby erwarte, und sie, als könnten sie dem Drang nicht widerstehen, auf meinen Bauch schauen und erstaunt feststellen, dass dort keine Ausbuchtung ist. Ich sehe, wie sie sich den Kopf zerbrechen, bevor ich ihnen erkläre: „Nicht ich, sondern meine Partnerin“. Dann folgt natürlich die unvermeidliche Sperma-Eizellen-Embryo-Fragerei.

HABT DANK!

An alle Mitwirkenden: Danke, dass ihr eure Geschichte so offen erzählt habt; es war ein Privileg, euren Erfahrungen zuzuhören. Wir waren uns völlig fremd, aber für eine kurze Zeit wurden wir die engsten Freunde. Auch wenn ich keine Namen nennen kann, werde ich mich noch lange an euch erinnern. Ich hoffe, ihr habt mit eurer Vergangenheit und den Menschen, die euch verletzt haben, Frieden geschlossen. Diejenigen von euch, die jemals an ihrer Zukunft gezweifelt haben – ich bin froh, dass ihr so geblieben seid.

Ich möchte mich auch bei all den Menschen bedanken, die ich interviewt habe und deren Geschichten nicht in diesem Buch zu finden sind. Wenn ich nur mehr Seiten hätte.

Für Elen, Katherine und Holly – danke, dass ihr diese Idee zum Leben erweckt habt.

Mylène und Marine, danke für die wunderschöne Gestaltung und die Illustrationen.

Meinen Eltern und meiner Partnerin danke ich – wie immer – für die Unterstützung und Ermutigung.

ORGANISATIONEN UND UNTERSTÜTZUNG FÜR LGBTQIA+-PERSONEN GIBT ES INZWISCHEN IN DEN MEISTEN GRÖSSEREN STÄDTEN, HIER EINIGE BEISPIELE:

DEUTSCHLAND

Lesben- und Schwulenverband (LSVD) e.V.
Rheingasse 6 · 50676 Köln
Tel. +49 (0)221 – 925 96 10
E-Mail: lsvd@lsvd.de

QUEERES NETZWERK NRW e.V.
Lindenstraße 20 · 50674 Köln
Tel. +49 (0)221 – 356 56 50
info@queeres-netzwerk.nrw

LAG Lesben in NRW e.V.
Sonnenstraße 14 · 40227 Düsseldorf
Tel. +49 (0)211 – 691 05 30 oder
+49 (0)211 – 691 05 32
E-Mail: info@lesben-nrw.de
www.lesben-nrw.de

Dritte Option
c/o edition assemblage
Rudolf-Diesel-Straße 37
48157 Münster

rubicon e.V.
Rubensstraße 8–10 · 50676 Köln
Tel. +49 (0)221 – 276 69 99 0
Fax +49 (0)221 – 276 69 99 99
info@rubicon-koeln.de
www.rubicon-koeln.de

TransInterQueer e.V.
Gürtelstraße 35 · 10247 Berlin
Tel. +49 (0)30 – 76 95 25 15
(derzeit unregelmäßig besetzt)
www.triqtransinterqueer.org
www.transinterqueer.org

Hamburg Pride e.V.
Ernst-Merck-Str. 12-14
20099 Hamburg
Tel. +49 (0)40 – 238 05 85 55
Fax +49 (0)40 – 238 05 85 66
W www.hamburg-pride.de
E info@hamburg-pride.de

Sub - Schwules Kommunikations- und Kulturzentrum München e.V.
Müllerstraße 14 · 80469 München
E-Mail: info@subonline.org

ÖSTERREICH

Wiener Antidiskriminierungsstelle für LGBTIQ-Angelegenheiten (WASt)
Die WASt unterstützt alle von Diskriminierung betroffenen homo-, bi-, transsexuellen und intergeschlechtlichen Wiener*innen und bietet Aufklärungsarbeit zum Thema an.
8., Auerspergstraße 15
Tel.+43 (1) – 4000-81449
E-Mail: wast@post.wien.gv.at

Queer Base
Linke Wienzeile 102 · 1060 Wien
Tel. +43 (0)664 – 659 41 71
Website: http://queerbase.at/
http://friends.queerbase.at/
E-Mail: asylum@queerbase.at

PRIDE BIZ AUSTRIA
Verband zur Förderung der Inklusion von sexueller Diversität in Wirtschaft und Arbeitswelt
Tel. +43 (0)664 – 788 99 99
Alser Straße 45/4c · 1080 Wien
E-Mail: kontakt@pridebiz.at

SoHo Österreich – die sozialdemokratische LGBTIQ-Organisation
1010 Wien, Löwelstraße 18
Tel. +43 (1) – 534 27-284,
Fax +43 (1) – 534 27-8284
E-Mail: office@soho.or.at

WKO
Netzwerkmanagement – Diversity
Wirtschaftskammer Wien,
Branchen- und Netzwerkmanagement
Straße der Wiener Wirtschaft 1
1020 Wien
Tel.+43 (1) – 514 50 10 70
E-Mail: diversity@wkw.at

SCHWEIZ

Pink Cross
Dachorganisation der schwulen und bisexuellen Männer in der Schweiz
Monbijoustrasse 73
Postfach 3001 Bern · Schweiz
Tel. +41 (0)31 372 33 00
E-Mail: office@pinkcross.ch

Queeramnesty Schweiz
Eine ehrenamtliche Gruppe, die sich zum Themengebiet Menschenrechte, sexuelle Orientierung und geschlechtlicher Identität engagiert
AMNESTY INTERNATIONAL
QUEERAMNESTY
Postfach: CH – 3001 Bern

Lesbenorganisation Schweiz LOS
Monbijoustrasse 73 · 3007 Bern

TGNS
Transgender Network Switzerland
Monbijoustrasse 73 · 3007 Bern
Öffnungszeiten:
Mittwoch 13:00 – 17:00 Uhr,
Freitag 8:00 – 12:00 Uhr
Tel. +41 (0)31 372 33 44
Allgemeine Anfragen/Mitteilungen
E-Mail: info@tgns.ch

Milchjugend
Falschsexuelle Welten
8000 Zürich
E-Mail: info@milchjugend.ch

nonbinary.ch
c/o Evianne Hübscher
8134 Adliswil
http://www.nonbinary.ch